Für Dr. med. George Ritchie
und über ihn für Den,
welchen er vorgeschlagen hat.

Raymond A. Moody

Leben nach dem Tod

Mit einem Vorwort von
Elisabeth Kübler-Ross

Rowohlt

Die Originalausgabe erschien 1975 unter dem Titel
Life After Life:
The investigation of a phenomenon – survival of bodily death
im Verlag Mockingbird Books, Inc., Covington, Georgia
Übersetzung aus dem Amerikanischen von Hermann Gieselbusch
und Lieselotte Mietzner (S. 27–96)
Umschlagentwurf von Werner Rebhuhn
(unter Verwendung des Gemäldes
«Licht und Farbe: Der Morgen nach der Sintflut»
von William Turner/Tate Gallery, London)

1.–40. Tausend Juli 1977
41.–60. Tausend Juli 1977
61.–81. Tausend August 1977
82.–101. Tausend September 1977
102.–125. Tausend Oktober 1977
126.–145. Tausend Dezember 1977
146.–175. Tausend Januar 1978
© Rowohlt Verlag GmbH, Reinbek bei Hamburg, 1977
Life After Life Copyright © 1975 by Raymond A. Moody, Jr.
Alle deutschen Rechte vorbehalten
Gesamtherstellung Clausen & Bosse, Leck/Schleswig
Printed in Germany
ISBN 3 498 04252 1

Inhalt

Danksagungen

Eine sehr große Zahl von Menschen hat mich gefördert und ermutigt während meiner Forschungsarbeit und während des Schreibens. Ohne ihre Hilfe hätte ich das ganze Vorhaben nicht durchführen können. So war es mein Freund John Ouzts, der mich in vielen Gesprächen dazu bewegte, meinen ersten öffentlichen Vortrag über das Thema des späteren Buches zu halten. So war es John Egle vom Verlag Mockingbird Books, der mich zuerst ermuntert hat, die Ergebnisse meiner Arbeit aufzuschreiben, und der mir von Anfang bis Ende mit Rat und Tat beigestanden hat. Leonard, Mae, Becky und Scott Brooks haben mir immer Wohnung, Verpflegung und einen Wagen zur Verfügung gestellt, wenn ich es brauchte. Kathy Tabakian hat mich zu mehreren Interviews begleitet, die anschließenden langen Gespräche mit ihr darüber waren für mich sehr ergiebig. Russ Moores, Richard Martin und Ed McCranie von der Medizinischen Hochschule von Georgia haben mir wertvolle Vorschläge gemacht und mich auf wichtige Literatur zu meinem Thema hingewiesen. Meine Frau hat viel Arbeit investiert bei der Redaktion des Manuskripts. Am meisten jedoch verdanke ich schließlich all denen, die mir von ihrer Begegnung mit dem Tode erzählt haben. Ich kann nur hoffen, daß dieses Buch all das Vertrauen lohnt, welches jeder der oben Erwähnten in mich gesetzt hat.

Vorwort

Ich habe das Vorrecht genossen, das Buch *Leben nach dem Tod* von Dr. Moody schon in den Fahnen lesen zu dürfen, und ich kann nach der Lektüre nur sagen: Ich freue mich, daß hier ein junger Wissenschaftler den Mut hat, die Ergebnisse seiner Arbeit zusammenzufassen und dieses neue Forschungsgebiet einer breiteren Öffentlichkeit zugänglich zu machen.

Ich habe gut zwanzig Jahre lang mit todkranken Patienten gearbeitet, und dabei sind die Einblicke in das Phänomen Tod für mich immer wichtiger geworden. Wir wissen heute eine Menge über den Vorgang des Sterbens, was aber beim Eintritt des Todes eigentlich geschieht und was unsere Patienten für Erfahrungen machen, wenn sie im klinischen Sinne für tot erklärt werden, darüber haben wir noch kaum Erkenntnisse, dafür um so mehr offene Fragen.

Forschungsarbeiten wie diese hier, welche Dr. Moody in seinem Buch vorlegt, werden vielen Menschen Aufklärung bringen und das bestätigen, was uns seit zwei Jahrtausenden gesagt wird – daß es ein Leben nach dem Tode gibt. Zwar sagt er selber, daß er sich nicht direkt mit dem Phänomen des Todes beschäftigt hat, aber seine Befunde zeigen, daß der sterbende Patient sein Bewußtsein behält und seine Umgebung wahrnimmt, auch nachdem er klinisch für tot erklärt worden ist. Dies deckt sich weitgehend mit meinen eigenen Forschungen, welche sich auf die Aussagen von solchen Patienten stützen, die gestorben und doch wieder zum Leben zurückgekehrt waren – womit wir überhaupt nicht mehr gerechnet hatten und was selbst für einige sehr bekannte, wissenschaftlich und praktisch hervorragend ausgewiesene Mediziner überraschend kam.

Diese Patienten haben alle die Erfahrung gemacht, aus ihrer stofflichen Körperhülle hinausgetragen zu werden, und haben dabei ein tiefes Gefühl von Frieden und Ganzheit gehabt. Die meisten haben eine andere Person wahrgenommen, die ihnen behilflich war bei ihrem Übergang auf eine andere Seinsebene. Die meisten wurden begrüßt von früher Verstorbenen, die ihnen nahegestanden hatten, oder von einer religiösen Gestalt, die in ihrem Leben eine wichtige Rolle gespielt hatte und die natürlich ihren Glaubensüberzeugungen entsprach. Es war für mich erhellend, Dr. Moodys Buch zu lesen in einer Zeit, in der ich daranging, meine eigenen Forschungsergebnisse zu Papier zu bringen.

Dr. Moody wird sich auf eine Menge Kritik gefaßt machen müssen, die hauptsächlich von zwei Seiten erhoben werden wird. Auf der einen Seite wird es Theologen geben, die scharf gegen jeden Front machen werden, der die Stirn hat, auf einem Gebiet wissenschaftliche Forschungen anzustellen, das für tabu erklärt ist. In einigen kirchlichen Kreisen hat man derartige Vorwürfe gegen solche Untersuchungen bereits laut geäußert. Ein Priester sprach polemisch davon, hier werde «billiger Trost verhökert». Andere hatten einfach das Gefühl, die Frage, ob es ein Leben nach dem Tode gibt, solle eine reine Glaubensfrage bleiben und von niemandem ausgeforscht werden. Die zweite Gruppe, die Dr. Moodys Buch angreifen wird, bilden Naturwissenschaftler und Mediziner, die eine Studie wie diese als «unwissenschaftlich» ansehen.

Ich glaube, unsere Gesellschaft ist in eine Übergangszeit eingetreten. Wir müssen den Mut aufbringen, neue Tore aufzustoßen und zuzugeben, daß unsere heutigen wissenschaftlichen Methoden nicht ausreichen für eine Vielzahl dieser neuen Forschungen. Ich glaube, dieses Buch wird solche neuen Tore öffnen für Menschen, die geistig offen sein können, und wird ihnen Hoffnung und Mut machen, neue Forschungsgebiete auszuloten. Sie werden spüren, daß Dr. Moody hier als echter und aufrichtiger Forscher schreibt, und daß dieser Bericht über seine Arbeit wahrhaftig ist. Er wird bestätigt durch meine eigenen Untersuchungen und durch die Ergebnisse, zu denen zahlreiche ernstzunehmende Natur- und Geisteswissenschaftler wie auch Theologen gekommen sind, die kühn genug waren, auf diesem neuen Forschungsgebiet tätig zu werden in der Hoffnung, dort Hilfe zu finden für diejenigen, denen der Glaube nicht genügt und die nach Wissen verlangen.

Ich empfehle dieses Buch allen Menschen mit einem offenen Geist, und ich beglückwünsche Dr. Moody dazu, daß er den Mut aufgebracht hat, seine Ergebnisse nunmehr in Buchform zu veröffentlichen.

Dr. med. Elisabeth Kübler-Ross

Einleitung

Da dieses Buch von einem Menschen geschrieben wurde, spiegeln sich darin natürlich das Wesen, die Meinungen und Vorurteile des Verfassers wider. Zwar habe ich mich nach Kräften bemüht, so objektiv und wahrhaftig wie irgend möglich zu sein, doch ist es für den Leser vielleicht von Nutzen, wenn er bestimmte persönliche Voraussetzungen von mir erfährt, die ihm helfen können, einige der außergewöhnlichen Aussagen in den folgenden Kapiteln besser zu verstehen.

Da ist an erster Stelle die Tatsache, daß ich selber noch nie dem Tode nahe gewesen bin. Mein Buch stützt sich also nicht auf meine eigenen Erfahrungen, sondern verwertet die Berichte anderer Menschen über deren persönliche Erfahrungen. Und weil sich das Material für meine Untersuchungen aus diesen Quellen speist, kann ich absolute Objektivität für mich nicht in Anspruch nehmen, denn an meiner Arbeit war ich ja auch emotional beteiligt. Wenn man wie ich eine große Anzahl von Menschen über ihre Erfahrungen berichten hört, die den Kern dieses Buches bilden, dann bekommt man fast das Gefühl, als hätte man diese Erfahrungen selber erlebt. Ich hoffe sehr, daß diese Einstellung keine schädlichen Folgen hatte für die Rationalität und Ausgewogenheit meines Vorgehens.

Zweitens: Ich schreibe als jemand, der keine umfassenden Kenntnisse der reichen Literatur über paranormale und okkulte Phänomene besitzt. Dies sage ich nicht, um mich davon zu distanzieren; vielmehr bin ich sicher, daß mir ein tieferes Eindringen in diese Literatur zu einem vertieften Verständnis des Geschehens, an dem ich arbeite, hätte verhelfen können. Und ich habe nun in der Tat die Absicht, das einschlägige Schrifttum genauer zu studieren, weil ich wissen will, inwieweit die Forschungen anderer durch meine Ergebnisse gestützt werden.

Drittens: Ich muß kurz auf meine religiöse Erziehung eingehen. Meine Familie gehörte der presbyterianischen Kirche an, jedoch haben meine Eltern nie den Versuch gemacht, ihre persönlichen Glaubensvorstellungen ihren Kindern aufzuzwingen. Im allgemeinen haben sie sich darum bemüht, mich auf allen Gebieten zu fördern, für die ich mich im Laufe meiner Entwicklung von selbst zu interessieren begann, und haben mir die Möglichkeit gegeben, diesen Interessen nachzugehen. So wurde ich erwachsen und besaß einen religiösen Glauben, der allerdings nicht aus einem orthodoxen System starrer Lehrsätze bestand, sondern aus einem starken Interesse für geistliche und religiöse Fragen, Lehren und Denkgebäude. Ich glaube, daß in allen großen Religionen der Menschheit viele Wahrheiten für uns zu finden sind, und ich glaube auch, daß kein einzelner von uns alle die tiefen und grundlegenden Wahrheiten, um die es im Glauben geht, für sich allein in Anspruch nehmen darf. Rein organisatorisch gesehen, bin ich ein Mitglied der methodistischen Kirche.

Viertens: Mein akademischer und beruflicher Werdegang fällt etwas aus dem gewohnten Rahmen – manch einer wird ihn unstet nennen. Zunächst habe ich Philosophie studiert an der Universität Virginia und 1969 dort auch mit der Promotion zum Dr. phil. abgeschlossen. Mein Hauptinteresse in der Philosophie richtet sich auf die Gebiete Ethik, Logik und Linguistik. Nachdem ich drei Jahre als Lehrbeauftragter für Philosophie an einer Universität in North Carolina tätig gewesen war, immatrikulierte ich mich an der Medizinischen Fakultät, ich wollte Facharzt für Psychiatrie werden und an der Hochschule Vorlesungen halten über philosophische Fragen der Medizin. Alle diese Interessen und Erfahrungen haben selbstverständlich einen Einfluß ausgeübt auf die Art und Weise, wie ich das Thema der vorliegenden Untersuchung angepackt habe.

Mit diesem Buch hoffe ich die Aufmerksamkeit auf ein Phänomen zu lenken, das ebenso verbreitet wie verborgen ist. Desgleichen hoffe ich, mit diesem Buch in der Öffentlichkeit die Bereitschaft zu wecken, sich mit diesem Phänomen auseinanderzusetzen. Denn ich bin fest davon überzeugt, daß dieses Phänomen von wesentlicher Bedeutung ist nicht nur für viele wissenschaftliche und praktische Bereiche – besonders in der Psychologie, Psychiatrie, Medizin, Philosophie, Theologie und Seelsorge –, sondern auch für unsere praktische Lebensführung im Alltag.

Ich möchte gleich zu Beginn hervorheben, daß ich aus Gründen, die ich erst später darlegen werde, nicht den Beweis zu erbringen beabsichtige, daß es ein Leben nach dem Tode gibt. Ich meine, ein solcher «Beweis» ist gegenwärtig noch gar nicht möglich. Auch aus diesem Grunde habe ich keine echten Namen genannt und auch bestimmte biographische Einzelheiten in den Fallgeschichten verfremdet, um eine Identifizierung auszuschließen. Am Sinn und Gehalt der Fallberichte habe ich natürlich nichts geändert. Dieses Vorgehen war notwendig, einerseits um die Privatsphäre der Gewährspersonen zu schützen, anderseits um in vielen Fällen überhaupt die

Genehmigung zu bekommen, das, was einzig und allein mir anvertraut worden war, zu veröffentlichen.

Es wird viele geben, die die Aussagen dieses Buches für unglaubwürdig halten und deren erste Reaktion sein wird, sie rundweg abzulehnen. Ich habe wirklich keinen Grund, jemanden zu kritisieren, der zu dieser Gruppe gehört. Ich hätte nämlich selber vor einigen Jahren noch genauso reagiert. Ich erwarte von niemandem, daß er den Inhalt dieses Buches so einfach hinnimmt und glaubt nur auf Grund meiner Autorität. Im Gegenteil: Als ausgebildeter Logiker halte ich gar nichts von einer Hinführung zum Glauben, die nur durch unstatthafte Berufung auf Autorität zustande kommt, und darum möchte ich jedem Leser davon ausdrücklich abraten. Empfehlen möchte ich dagegen all jenen Lesern, die bei der Lektüre dieses Buches ungläubig den Kopf schütteln: Gehen Sie doch der Sache mal selber ein bißchen nach! In diesem Sinne habe ich meine Hörer wieder und wieder angeregt zu eigenem Fragen und Suchen. Sehr viele von denen, die darauf eingegangen sind, konnten ihre anfängliche Skepsis nicht aufrechterhalten und waren schließlich genauso verwundert über derartige Geschehnisse wie ich.

Daneben wird es zweifellos viele geben, die dieses Buch mit großer Erleichterung lesen, weil es sie erkennen läßt, daß sie keine Outsider sind, sondern daß auch noch andere solche Erfahrungen durchgestanden haben. Diesen Menschen – besonders wenn sie, wie die meisten, ihre Geschichte vor aller Welt verheimlicht haben, bis auf einige wenige Vertrauenspersonen vielleicht – diesen Menschen kann ich nur sagen: Ich habe die Hoffnung, daß dieses Buch ihnen den Mut gibt, ein bißchen freier darüber zu sprechen, so daß eine der faszinierendsten Seiten des menschlichen Seelenlebens in ein helleres Licht rückt.

I

Das Phänomen
des Todes

Sterben – was ist das?

Solange es Menschen gibt, haben sie sich diese Frage gestellt. In den letzten Jahren hatte ich des öfteren Gelegenheit, diese Frage bei einer Reihe von Vorträgen und Diskussionen aufzuwerfen. Das Publikum waren Studenten der Psychologie, Philosophie und Soziologie, kirchliche Organisationen, Studiogäste beim Fernsehen, verschiedene Vereine, Clubs und Kreise bis hin zu ärztlichen Berufsverbänden.

Auf der Basis einer so intensiven Bemühung kann ich mit Gewißheit sagen, daß dieses Thema bei Menschen der unterschiedlichsten Wesensart und Lebenserfahrung die heftigsten Gefühlsreaktionen auslöst.

Doch so stark das Interesse zweifellos ist, so wenig ist an der Tatsache zu rütteln, daß es den meisten von uns sehr schwerfällt, vom Tod zu reden. Dafür gibt es zwei Gründe. Der eine ist in erster Linie psychisch und kulturell bedingt: Das Todesthema ist tabu. Wir haben vielleicht unbewußt das Gefühl: wenn wir auf irgendeine Weise mit dem Tod in Berührung kommen, und sei es indirekt, dann werden wir dadurch mit der Aussicht auf unseren eigenen Tod konfrontiert, dann wird dadurch unser eigener Tod angezogen, er wird realer, wird denkbarer. Die meisten Medizinstudenten zum Beispiel, mich selber eingeschlossen, machen die Erfahrung, daß schon die distanzierte Begegnung mit dem Tod beim ersten Betreten des Anatomiesaals in ihnen starke Beklommenheit hervorruft. Was mich selbst angeht, sehe ich heute ganz klar, aus welchem Grunde ich damals so reagiert habe. In der Rückbesinnung auf das ursprüngliche Erlebnis ist mir aufgegangen, daß es bei mir nicht nur Mitgefühl war für den Menschen, dessen Überreste nun vor mir lagen, obwohl diese Empfindung sicherlich auch eine Rolle gespielt hat. Was ich da vor mir auf dem Tisch liegen sah, war ein Symbol meiner eigenen Sterblichkeit. Irgendwie, mehr als undeutliche Ahnung, muß mir der Gedanke in den Sinn gekommen sein: «Das wird auch mit mir geschehen.»

Ebenso kann das Reden über den Tod psychologisch verstanden werden als eine Form der indirekten Annäherung an ihn. Und in der Tat haben viele Menschen das Gefühl, vom Tod auch nur zu sprechen, bedeute schon, ihn geistig heraufzubeschwören, ihn näher heranzuholen auf eine Weise, die einen zwingt, der Unausweichlichkeit des eigenen Sterbens ins Auge zu sehen. Und weil wir uns dieses seelische Trauma ersparen wollen, versuchen wir kurz entschlossen, das ganze Thema möglichst zu meiden.

Der zweite Grund, weshalb der Tod ein so schwieriger Diskussionsgegenstand ist, liegt noch tiefer verborgen, denn er wurzelt im Wesen der Sprache selbst. Die Wörter der menschlichen Sprache beziehen sich größtenteils auf etwas, womit wir Erfahrung gemacht haben durch unsere Sinnesorgane. Der Tod ist etwas, was für die meisten von uns außerhalb der bewußten Erfahrung liegt, weil die meisten von uns durch diese Erfahrung nicht hindurchgegangen sind.

Wenn wir überhaupt vom Tod sprechen wollen, dann müssen wir sowohl gesellschaftliche Tabus überwinden als auch die tief eingewurzelten sprachlichen Schwierigkeiten, die auf unseren Mangel an Erfahrung zurückgehen. Häufig tun wir ja doch nichts anderes, als uns in euphemistischen Analogien auszudrücken. Wir vergleichen den Tod oder das Sterben mit angenehmeren Seiten unserer Erfahrungswelt, Seiten, die uns geläufig sind, die wir kennen.

Die gängigste Analogie nach diesem Muster ist wohl der Vergleich zwischen Tod und Schlaf. Sterben, so sagen wir uns, ist wie einschlafen. Diese Metapher ist sehr verbreitet im Alltagsdenken und in der Alltagssprache wie auch in den literarischen Zeugnissen der verschiedenen Kulturen und Epochen. Sie war anscheinend auch im antiken Griechenland durchaus gebräuchlich. In der *Ilias* zum Beispiel nennt Homer den Schlaf «Geschwister des Todes». Und in der *Apologie* legt Platon seinem Lehrer Sokrates bei seiner letzten Rede kurz nach der Verkündigung des Todesurteils durch ein attisches Gericht die folgenden Worte in den Mund:

«Ist der Tod gleichsam ein Schlaf, in dem der Schlafende nicht einmal einen Traum sieht, so wäre der Tod ein überschwenglicher Gewinn. Denn ich glaube wirklich, wenn einer eine solche Nacht nimmt, darin er so fest geschlafen, daß er auch keinen Traum gesehen hat, und alle anderen Nächte und Tage seines Lebens mit dieser Nacht vergleicht, und denn aufrichtig sagen sollte, wie viele Tage und Nächte er in seinem Leben besser und angenehmer zugebracht habe als diese Nacht, ich glaube wirklich, daß nicht bloß ein Privatmann, sondern der Großkönig diese gegen die anderen Tage und Nächte leicht würde zählen können. Wenn also der Tod etwas ist, so nenne ich ihn einen Gewinn und alle Zeit vor uns scheint auf diese Weise nur eine lange Nacht zu sein.»

Dieselbe Analogie lebt in der modernen Umgangssprache fort. Nehmen wir die Redewendung vom «Einschläfern».

Wenn man seinen Hund zum Tierarzt bringt und ihn dort einschläfern lassen will, dann meint man damit gewöhnlich etwas ganz anderes, als wenn man mit einem Anästhesisten darüber spricht, daß die eigene Frau oder der eigene Mann zum Beispiel vor einer Operation eingeschläfert werde.

Eine andere, aber sinnverwandte Analogie wird auch sehr gern herangezogen. Danach ist das Sterben wie ein großes Vergessen. Stirbt einer, so vergißt er all seine Sorgen; all seine leidvollen und quälenden Erinnerungen sind ausgelöscht.

So altehrwürdig und weltweit verbreitet die Metaphern vom Schlafen und Vergessen auch sein mögen, letzten Endes bleiben sie doch unzureichende Vorstellungen, die uns keinen wirklichen Trost zu spenden vermögen. Denn beide drücken denselben Grundgedanken nur auf verschiedene Weise aus. Zwar bieten sie sich uns in einer etwas geschönten Gestalt dar, tatsächlich aber besagen sie eben doch nichts anderes, als daß der Tod die endgültige Vernichtung unserer bewußten Existenz ist. Wenn das stimmt, dann hat der Tod nicht das geringste zu tun mit so schönen Dingen wie Schlafen und Vergessen. Schlafen ist ja nur deswegen etwas Positives und Erstrebenswertes im Leben, weil darauf ein Erwachen folgt. Ein erholsamer Nachtschlaf macht die wachen Stunden danach nur um so angenehmer und ergiebiger. Gäbe es kein Erwachen mehr daraus, dann wäre am Zustand des Schlafens auch nichts Wohltuendes mehr. Gleichermaßen bedeutet die Vernichtung der bewußten Existenz nicht nur die Auslöschung aller schmerzlichen, sondern auch aller angenehmen Erinnerungen. Bei genauerem Hinsehen trifft also keine der beiden Analogien die Sache so genau, daß wir daraus wirklich Trost und Hoffnung schöpfen könnten angesichts des Todes.

Es gibt jedoch noch eine andere Anschauung, die sich abhebt von der Vorstellung, der Tod sei die Vernichtung des

Bewußtseins. Nach dieser anderen, vielleicht noch älteren Überlieferung bleiben bestimmte Aspekte eines Menschenwesens erhalten, auch wenn alle körperlichen Funktionen aufgehört haben und der Leib schließlich vergeht. Diese überdauernden Aspekte haben viele Namen bekommen, darunter Psyche, Seele, Geist, Selbst, Wesen, Sein und Bewußtsein. Die Bezeichnung spielt keine Rolle, wichtig ist allein die Vorstellung vom Eintritt in eine andere Existenzform nach dem leiblichen Tode, und diese Vorstellung gehört zu den ehrwürdigsten Glaubensinhalten der Menschheit.

In der Türkei wurde eine Grabstätte entdeckt, die vor rund hunderttausend Jahren von Neandertalern angelegt worden war. Aus den Überresten konnten die Archäologen den überraschenden Schluß ziehen, daß diese frühen Menschen ihre Toten auf Blumen und Blütenzweigen zur letzten Ruhe gebettet haben, was darauf hindeuten könnte, daß sie vielleicht den Tod als einen feierlichen Anlaß begriffen haben – als den Übergang des Gestorbenen von dieser Welt in die nächste. Und tatsächlich haben uralte Grabfunde in allen Teilen der Welt von dem Glauben gezeugt, daß der Mensch nach seinem leiblichen Tode weiterlebe.

Wir haben es also mit zwei gegensätzlichen Antworten auf unsere ursprüngliche Frage nach dem Wesen des Todes zu tun. Beide gehen auf alte Überlieferungen zurück, werden aber beide noch heute weithin geglaubt. Die einen sagen, der Tod sei der Untergang des Bewußtseins. Die anderen sagen ebenso überzeugt, der Tod sei das Hinübergehen der Seele oder des Geistes in eine andere Dimension der Wirklichkeit. Im folgenden möchte ich keine der beiden Antworten in irgendeiner Weise für ungültig erklären. Ich möchte nur ganz einfach berichten, wie es mir selbst bei meiner Suche nach einer Antwort ergangen ist.

In den letzten Jahren bin ich einer Vielzahl von Personen begegnet, die etwas zu tun gehabt haben mit dem, was ich «Todesnähe-Erlebnisse» nennen möchte: Erfahrungen mit dem Beinah-Tod. Die Begegnungen mit solchen Menschen kamen höchst unterschiedlich zustande. Die erste war rein zufällig. 1965 studierte ich Philosophie an der Universität von Virginia. Ich traf mit einem Mann zusammen, der sich als Professor für Psychiatrie an der dortigen Universitätsklinik herausstellte. Von Anfang an nahm er mich gefangen mit seiner menschlichen Wärme, Freundlichkeit und Heiterkeit. Es kam für mich völlig überraschend, als ich später etwas Hochinteressantes über ihn zu hören bekam, nämlich daß er tot gewesen sei – und das nicht bloß einmal, sondern zweimal nacheinander im Abstand von zehn Minuten – und daß er einen wahrhaft phantastischen Bericht darüber abgegeben hatte, was mit ihm geschehen sei, während er «tot» war. Ich habe später selber gehört, wie er seine Geschichte in einem kleinen Kreis interessierter Studenten vortrug. Seinerzeit war ich zutiefst beeindruckt davon, aber da ich noch nicht das geistige Rüstzeug besaß, um mir ein Urteil über solche Erfahrungen bilden zu können, habe ich das Ganze erst einmal «zu den Akten gelegt», sowohl in meinem Verstandesarchiv als auch in der Form von Tonbandaufzeichnungen von dem Vortrag.

Ein paar Jahre später, nach meiner Promotion in Philosophie, übernahm ich einen Lehrauftrag an einer Universität in North Carolina. Dort hielt ich eine Übung über Platons *Phaidon* ab, in dem sich der letzte Dialog des Sokrates mit seinen Freunden um das Sterben und die Unsterblichkeit dreht. In meinen Vorlesungen war ich hauptsächlich auf andere philosophische Fragen eingegangen, die Platon in diesem Werk aufwirft, und hatte das Thema *Leben nach dem Tod* nur am Rande gestreift. Eines Tages kam nach der Vorlesung ein Student auf mich zu mit der Frage, ob wir uns nicht einmal mit dem Problem Unsterblichkeit befassen könnten. Er interessiere sich für dieses Thema, weil seine Großmutter während einer Operation «gestorben» sei und darüber die erstaunlichsten «Erlebnisse» zu berichten gewußt hätte. Ich bat ihn, mir mehr darüber zu erzählen, und zu meiner großen Verwunderung beschrieb er mir annähernd dieselbe Folge von Erlebnissen, die ich einige Jahre zuvor von dem Psychiatrieprofessor zu hören bekommen hatte.

Seit jener Zeit habe ich etwas aktiver nach weiteren Fällen gesucht. Ich habe im Rahmen meiner philosophischen Übungen Vorlesungen gehalten über das Thema «Weiterleben des Menschen nach seinem biologischen Tod». Allerdings habe ich sorgfältig darauf geachtet, vor meinen Studenten mit keinem Wort die beiden mir bekannt gewordenen Todeserfahrungen zu erwähnen. Ich habe mich vielmehr bewußt abwartend verhalten. Falls nämlich solche Todeserfahrungen nicht gar so selten seien, dann – so rechnete ich mir aus – würde ich wahrscheinlich mehr darüber zu hören bekommen, wenn ich bei philosophischen Diskussionen nur immer wieder die allgemeine Frage eines Weiterlebens zur Sprache brächte, meine Aufgeschlossenheit für diese Thematik zu erkennen gäbe und im übrigen abwartete. Zu meiner Verblüffung stellte es sich heraus, daß in fast jedem meiner Kurse mit durchschnittlich dreißig Studenten zumindest einer nach der Stunde zu mir kam und mir von einer eigenen Erfahrung mit dem Beinahe-Tod erzählte.

Seit ich mich für diese Fragen zu interessieren begann, erstaunt es mich immer wieder, wie ähnlich doch die Berichte untereinander sind, obwohl die einzelnen «Berichterstatter» aus völlig verschiedenen religiösen, sozialen und bildungsmäßigen Milieus stammen. Als ich mich 1972 an der Medizinischen Fakultät immatrikulierte, hatte ich bereits eine ansehnliche Anzahl derartiger Erfahrungsberichte gesammelt und erwähnte nun auch öfters diese Arbeit, mit der ich mich nebenher beschäftigte, gegenüber meinen medizinischen Studienfreunden. So kam es, daß einer von ihnen mich dazu überredete, vor Medizinern ein Referat darüber zu halten. Dem sind dann viele andere öffentliche Veranstaltungen gefolgt. Und wieder machte ich die Erfahrung, daß nach jedem Vortrag irgendein Zuhörer an mich herantrat und mir von einer eigenen Erfahrung in diesem Zusammenhang erzählte.

Mit der Zeit sprach sich herum, wofür ich mich interessierte, und so kam es, daß Ärzte solche Patienten an mich verwiesen, die sie wiederbelebt hatten und die von ungewöhnlichen Erfahrungen berichteten. Andere dagegen haben mir Berichte geschrieben, nachdem in der Presse Artikel über meine Arbeit erschienen waren.

Heute sind mir annähernd 150 Fälle dieses Phänomens bekannt. Die Erfahrungen, die ich untersucht habe, gliedern sich in drei unterschiedliche Kategorien:

1. Erfahrungen von Personen, die reanimiert worden sind, nachdem sie von ihren Ärzten als klinisch tot betrachtet, beurteilt oder erklärt worden waren.

2. Erfahrungen von Personen, die bei Unfällen, schweren Verletzungen oder Erkrankungen dem biologischen Tod sehr nahe gewesen sind.

3. Erfahrungen von Personen, die ihre Erlebnisse beim Sterben anderer Menschen, die bei ihnen waren, erzählt haben. Diese Ohrenzeugen haben mir später den Gehalt jener Todeserfahrung mitgeteilt.

Das umfangreiche Material, das aus den 150 Fallgeschichten zu gewinnen war, mußte natürlich ausgesiebt werden.

Einiges habe ich bewußt weggelassen. Zum Beispiel fast alle Berichte der dritten Kategorie in der obigen Aufzählung. Obwohl ich auch darunter viele hatte, die sehr gut die Erfahrungen der beiden ersten Kategorien ergänzten und bestätigten, habe ich sie doch durchweg unberücksichtigt gelassen, und zwar aus zwei Gründen. Erstens gelingt es auf diese Weise, die Menge der Fallstudien auf eine praktikable Größe zu reduzieren. Zweitens bin ich dadurch in der Lage, mich so eng wie möglich an Berichte aus erster Hand zu halten. Und so habe ich denn rund fünfzig Personen sehr eingehend interviewt. Auf deren Erfahrungen stützt sich in der Hauptsache mein Bericht. Unter diesen etwa fünfzig sind die Fallgeschichten der ersten Kategorie (in denen der Eintritt des klinischen Todes beobachtet worden war) natürlich weitaus *dramatischer* als die der zweiten Kategorie (in denen es nur zu einer flüchtigen Berührung mit dem Tod gekommen war). Wenn ich auf einer öffentlichen Veranstaltung über dieses Phänomen sprach, haben demgemäß die «richtigen Todesfälle» stets das Hauptinteresse auf sich gezogen. Presseartikel haben manchmal den Eindruck erweckt, ich hätte allein Fälle dieses Typs bearbeitet.

Ich habe jedoch bei der Auswahl der Fallgeschichten für dieses Buch der Versuchung widerstanden, mich nur auf die «richtigen Todesfälle» zu beschränken. Es wird sich nämlich herausstellen, daß die Kasuistik der zweiten Kategorie nicht grundsätzlich verschieden ist, sondern eher ein Kontinuum bildet mit derjenigen der ersten Kategorie. Und ferner: obwohl die Erfahrungen mit dem Beinahe-Tod einander bemerkenswert ähneln, variieren sowohl die konkreten Umstände im einzelnen als auch die Persönlichkeiten der Gewährspersonen doch ganz erheblich. Demgemäß habe ich eine Auswahl von solchen Erfahrungsberichten zu treffen mich bemüht, die diese Variationsbreite angemessen berücksichtigt. Diese Bemerkungen wollen wir im Auge behalten, wenn wir uns nun der Frage zuwenden: Was geschieht in der Erfahrung des Sterbens?

2

Die Erfahrung
des Sterbens

Zwar bestehen nicht nur zwischen den Umständen, unter denen sich das Erleben der Todesnähe vollzieht, sondern auch zwischen den Persönlichkeitstypen der beteiligten Menschen beträchtliche Unterschiede; dennoch ist nicht zu übersehen, daß die verschiedenen, diese Erfahrung schildernden Berichte sich untereinander auffallend ähneln. Die Übereinstimmung zwischen den vorliegenden Berichten geht in der Tat sogar so weit, daß mühelos etwa fünfzehn Einzelelemente herausgeschält werden können, die in der Masse des von mir zusammengetragenen Materials beständig wiederkehren. Lassen Sie mich nun von diesen übereinstimmenden Punkten aus versuchen, ein kurzes, theoretisch «ideales» beziehungsweise «vollständiges» Erlebnis zu konstruieren, das sämtliche gemeinsamen Elemente in der für ihr Auftreten typischen Reihenfolge umfaßt.

Ein Mensch liegt im Sterben. Während seine körperliche Bedrängnis sich ihrem Höhepunkt nähert, hört er, wie der Arzt ihn für tot erklärt. Mit einemmal nimmt er ein unangenehmes Geräusch wahr, ein durchdringendes Läuten oder Brummen, und zugleich hat er das Gefühl, daß er sich sehr rasch durch einen langen, dunklen Tunnel bewegt. Danach befindet er sich plötzlich außerhalb seines Körpers, jedoch in derselben Umgebung wie zuvor. Als ob er ein Beobachter wäre, blickt er nun aus einiger Entfernung auf seinen eigenen Körper. In seinen Gefühlen zutiefst aufgewühlt, wohnt er von diesem seltsamen Beobachtungsposten aus den Wiederbelebungsversuchen bei.

Nach einiger Zeit fängt er sich und beginnt, sich immer mehr an seinen merkwürdigen Zustand zu gewöhnen. Wie er entdeckt, besitzt er noch immer einen «Körper», der sich jedoch sowohl seiner Beschaffenheit als auch seinen Fähigkeiten nach wesentlich von dem physischen Körper, den er zurückgelassen hat, unterscheidet. Bald kommt es zu neuen Ereignissen. Andere Wesen nähern sich dem Sterbenden, um ihn zu begrüßen und ihm zu helfen. Er erblickt die Geistwesen bereits verstorbener Verwandter und Freunde, und ein Liebe und Wärme ausstrahlendes Wesen, wie er es noch nie gesehen hat, ein Lichtwesen, erscheint vor ihm. Dieses Wesen richtet – ohne Worte zu gebrauchen – eine Frage an ihn, die ihn dazu bewegen soll, sein Leben als Ganzes zu bewerten. Es hilft ihm dabei, indem es das Panorama der wichtigsten Stationen seines Lebens in einer blitzschnellen Rückschau an ihm vorüberziehen läßt. Einmal scheint es dem Sterbenden, als ob er sich einer Art Schranke oder Grenze näherte, die offenbar die Scheidelinie zwischen dem irdischen und dem folgenden Leben darstellt. Doch wird ihm klar, daß er zur Erde zurückkehren muß, da der Zeitpunkt seines Todes noch nicht gekommen ist. Er sträubt sich dagegen, denn seine Erfahrungen mit dem jenseitigen Leben haben ihn so sehr gefangengenommen, daß er nun nicht mehr umkehren möchte. Er ist von überwältigenden Gefühlen der Freude, der Liebe und des Friedens erfüllt. Trotz seines inneren Widerstandes – und ohne zu wissen, wie – vereinigt er sich dennoch wieder mit seinem physischen Körper und lebt weiter.

Bei seinen späteren Versuchen, anderen Menschen von seinem Erlebnis zu berichten, trifft er auf große Schwierigkeiten. Zunächst einmal vermag er keine menschlichen Worte zu finden, mit denen sich überirdische Geschehnisse dieser Art angemessen ausdrücken ließen. Da er zudem entdeckt, daß man ihm mit Spott begegnet, gibt er es ganz auf, anderen davon zu erzählen. Dennoch hinterläßt das Erlebnis tiefe Spuren in seinem Leben; es beeinflußt namentlich die Art, wie der jeweilige Mensch dem Tod gegenübersteht und dessen Beziehung zum Leben auffaßt.

Keinesfalls dürfen wir aus dem Auge verlieren, daß mit der obigen Darstellung nicht das Erlebnis einer bestimmten Person wiedergegeben werden soll, sondern daß sie sich als «Modellerfahrung» aus den in zahlreichen Berichten erscheinenden gemeinsamen Elementen zusammensetzt. Ich führe sie nur deswegen hier an, um zunächst einmal einen allgemeinen Begriff davon zu vermitteln, was einem Sterbenden widerfahren mag. Da es sich dabei nicht um einen authentischen Bericht, sondern um eine Abstraktion handelt, möchte ich in diesem Kapitel jedes der immer wiederkehrenden Elemente ausführlich erläutern und ihm jeweils etliche weitere Beispiele zur Seite stellen.

Zuvor gilt es jedoch noch ein paar Fakten klarzustellen, vor deren Hintergrund meine folgenden Ausführungen zur Sterbeerfahrung gesehen werden müssen.

1. Ungeachtet der auffallenden Ähnlichkeiten zwischen den einzelnen Berichten finden sich doch keine zwei darunter, die vollkommen miteinander identisch wären (obwohl manche dem bemerkenswert nahekommen).

2. Ich bin keinem einzigen Menschen begegnet, der ausnahmslos alle Komponenten des zusammengesetzten Erlebnisses erwähnt hätte. Immerhin haben sehr viele die Mehrzahl

davon (also acht oder mehr der insgesamt fünfzehn Einzelelemente) aufgezählt, einige sogar bis zu zwölf.

3. Keines der Elemente des zusammengesetzten Erlebnisses, von dem jeder Beteiligte mir berichtet hat, kehrt regelmäßig und in allen Zeugnissen wieder; nichtsdestoweniger könnte man einige dieser Faktoren als annähernd universell bezeichnen.

4. Keine der Komponenten meines theoretischen Modells ist nur in einem einzigen Bericht erwähnt worden. Jede taucht in zahlreichen unterschiedlichen Erzählungen auf.

5. Die Reihenfolge, in der ein Sterbender die verschiedenen, oben kurz dargestellten Stadien durchläuft, kann von der meines «theoretischen Modellerlebnisses» abweichen. Um nur ein Beispiel zu nennen: Viele haben angegeben, das «Lichtwesen» nicht wie im «Modellfall» einige Zeit nach dem Verlassen ihres Körpers, sondern bereits davor oder währenddessen erblickt zu haben. Die Abfolge der einzelnen Stadien in dem Modell kann jedoch als die Regel gelten. Stärkere Abweichungen treten nur sehr selten auf.

6. Wie weit ein Sterbender in das hypothetische vollständige Erlebnis hineingerät, scheint davon abzuhängen, ob der klinische Tod tatsächlich erkennbar bei ihm eingetreten ist, und wenn ja, wieviel Zeit er in diesem Zustand zugebracht hat. Im allgemeinen sieht es so aus, als ob diejenigen, die «tot» gewesen sind, reichhaltigere und vollständigere Erlebnisse mitzuteilen hätten als die, die den Tod nur gestreift haben, und diejenigen unter ihnen, die längere Zeit «tot» gewesen sind, gelangen tiefer als die Menschen, bei denen es nur kurze Zeit gedauert hat.

7. Ich habe mit ein paar Menschen gesprochen, die für tot erklärt worden waren, wieder ins Leben zurückgebracht wurden und bei ihrer Rückkehr von keinem dieser häufig

vorkommenden Geschehnisse berichteten. Allerdings erklären sie, sich an überhaupt nichts mit ihrem «Tod» Zusammenhängendes erinnern zu können. Interessanterweise bin ich bisher auch auf mehrere Personen gestoßen, die bei verschiedenen, Jahre auseinanderliegenden Gelegenheiten für klinisch tot befunden worden waren und mir gegenüber angaben, daß sie das eine Mal keinerlei, das andere Mal jedoch sehr ausgeprägte Sterbeerlebnisse gehabt hätten.

8. Schließlich ist darauf hinzuweisen, daß ich mich in erster Linie mit Berichten, Zeugnissen und Erzählungen befasse, die mir von den Betroffenen während meines Gesprächs mit ihnen mündlich übermittelt worden sind. Wenn ich im folgenden also davon spreche, daß irgendein Element des abstrakten, «vollständigen» Erlebnisses in einem bestimmten Bericht nicht auftaucht, dann heißt das nicht notwendigerweise schon, daß es dem beteiligten Menschen nicht begegnet wäre, sondern nur, daß er es nicht erwähnt hat oder daß in seinem Bericht nicht eindeutig zum Ausdruck kommt, ob er nun genau dieses Detail erlebt hat oder nicht. Wir wollen nun von dieser Ausgangsposition her einige der immer wiederkehrenden Stadien und Geschehnisse der Sterbeerfahrung betrachten.

Unbeschreibbarkeit

Daß wir die Sprache verstehen, beruht auf dem Vorhandensein einer gemeinsamen, für uns alle weitgehend übereinstimmenden Erfahrungswelt, an der praktisch ein jeder von uns teilhat. Aus diesem Umstand ergibt sich ein wesentliches Hindernis, das sich auf die ganzen nun folgenden Erörterungen erschwerend auswirkt. Die Erfahrungen derjenigen, die dem Tode nahegekommen sind, fallen aus unserer gemeinschaftlichen Erfahrungswelt heraus, so daß die Vermutung naheliegt, daß die Betreffenden bei der Wiedergabe ihrer Erlebnisse wohl auf einige Schwierigkeiten sprachlicher Natur stoßen werden. Genauso ist es auch. Die Beteiligten bezeichnen ihr Erlebnis einhellig als unsagbar, also als «unbeschreiblich».

Viele haben dem Sinne nach bemerkt: «Die Wörter, um das auszudrücken, was ich zu sagen versuche, gibt es einfach nicht», oder: «Die Eigenschaftswörter und höchsten Steigerungsformen, mit denen ich das beschreiben könnte, müßte man erst noch erfinden!» Dasselbe hat eine Frau mir gegenüber sehr überzeugend ausgedrückt, indem sie erklärte:

«Also wenn ich versuche, Ihnen das alles zu erzählen, stehe ich vor einem richtigen Problem – weil sich doch alle Wörter, die ich weiß, auf den dreidimensionalen Bereich beziehen! Noch mitten in meinem Erlebnis habe ich immer wieder gedacht: ‹Nun ja, früher in Geometrie hieß es doch immer, es gäbe nur drei Dimensionen, und ich habe das ja auch immer bereitwillig geglaubt. Aber das war falsch – es gibt tatsächlich mehr.› Natürlich *ist* unsere Welt – die, in der wir gegenwärtig leben – dreidimensional, aber die folgende ist es mit Sicherheit nicht. Deshalb fällt es mir eben auch so furchtbar schwer, Ihnen dieses alles zu erzählen. Ich muß es Ihnen gegenüber in den Begriffen von Raum und Zeit ausdrücken, und damit komme ich dem Ganzen ja auch so nah, wie es überhaupt nur möglich ist, aber trotzdem ist es nicht das Richtige. Ich bin tatsächlich außerstande, Ihnen ein vollständiges Bild zu vermitteln.»

Das Hören der Todesnachricht

Zahlreiche Menschen haben davon berichtet, daß sie gehört hätten, wie sie von ihrem Arzt oder einem anderen Anwesenden effektiv für tot erklärt worden seien. Eine Frau gab mir gegenüber an:

«Ich lag im Krankenhaus, aber keiner wußte so richtig, was mir eigentlich fehlte. Damit endlich Klarheit geschaffen würde, schickte mein Arzt, Dr. James, mich zum Radiologen hinunter, um ein Leber-Szintigramm machen zu lassen. Da ich etliche Arzneimittelallergien habe, wurde also als erstes das Zeug ausprobiert, was sie mir dazu in den Arm spritzen wollten. Aber es blieb ohne Reaktion, und so machten sie sich ans Werk. Als sie das Mittel erneut anwandten, setzte bei mir jedoch das Herz aus. Ich hörte, wie der Radiologe, der mich untersuchen sollte, zum Telephon ging, und ich bekam ganz deutlich jedes Geräusch mit, als er wählte. Dann hörte ich ihn sagen: «Dr. James, ich habe Ihre Patientin, Frau Martin, umgebracht.» Dabei wußte ich genau, daß ich nicht tot war. Ich versuchte, mich zu rühren oder es ihnen zu sagen, vermochte es jedoch nicht. Als sie dann darangingen, mich wiederzubeleben, konnte ich sie sagen hören, wieviel Kubikzentimeter irgendeines Mittels sie mir geben wollten, aber vom Einstich der Nadel fühlte ich nichts. Von allen ihren Berührungen spürte ich nicht das geringste.»

In einem anderen Fall erlitt eine Frau, die zuvor schon mehrere Male akute Herzbeschwerden gehabt hatte, einen Herzanfall, in dessen Verlauf sie beinahe ums Leben gekommen wäre. Sie berichtet:

«Auf einmal ergriff mich ein beklemmender Schmerz in der Brust, so als ob mir blitzschnell eine eiserne Klammer ganz eng um den Brustkorb gelegt worden wäre. Mein Mann und ein anwesender Freund von uns hörten mich fallen und kamen herbeigeeilt, um mir zu helfen. Durch die tiefe Schwärze, in der ich mich wiederfand, hörte ich meinen Mann wie aus weiter Ferne sagen: ‹Diesmal ist es soweit!› Und ich dachte bei mir: ‹Ja, so ist es.›»

Ein junger Mann, der nach einem Autounfall für tot gehalten worden war, bemerkt: «Eine Frau, die dabeistand, hörte ich fragen: ‹Ist er tot?› und jemand anderer gab zur Antwort: ‹Glaube, ja.›»

Berichte dieses Typs stimmen völlig mit dem überein, woran die Ärzte und andere Zeugen sich erinnern. So hat mir ein Arzt beispielsweise erzählt:

«Unmittelbar bevor ich sie mit einem anderen Chirurgen zusammen operieren sollte, trat bei einer Patientin von mir der Herzstillstand ein. Ich stand genau daneben und beobachtete, wie ihre Pupillen sich weiteten. Wir unternahmen ein paar Reanimationsversuche, hatten damit jedoch keinerlei Erfolg, so daß ich annahm, es wäre vorbei. Zu meinem Kollegen, der mit mir arbeitete, sagte ich deshalb: ‹Machen wir noch einen letzten Versuch, bevor wir's aufgeben!› Diesmal gelang es uns, ihren Herzschlag wieder in Gang zu bringen, und sie kam wieder zu sich. Später habe ich mich bei der Patientin erkundigt, was sie denn von ihrem ‹Tod› noch wüßte. Sie meinte, daß sie sich kaum noch an etwas erinnern könnte, außer daß sie mich hätte sagen hören: ‹Machen wir noch einen letzten Versuch, bevor wir's aufgeben.›»

Gefühle von Frieden und Ruhe

Aus den Anfangsstadien ihres Erlebnisses schildern viele Menschen außerordentlich angenehme Gefühle und Sinneswahrnehmungen. Mit den Worten eines Mannes, bei dem nach einer schweren Kopfverletzung keinerlei Lebenszeichen mehr zu erkennen gewesen waren:

«Im Augenblick, als das Ganze passierte, durchfuhr mich jäh ein Schmerz, der dann aber gänzlich verschwand. Ich hatte das Gefühl, irgendwo in dunklen Räumen zu schweben. Es war ein bitterkalter Tag, jedoch solange ich in jener Schwärze dahintrieb, verspürte ich nichts als Wärme und das höchste Wohlbehagen, das ich je erlebt habe . . . Ich erinnere mich noch, daß ich gedacht habe: ‹Ich muß tot sein.›»

Eine Frau, die nach einem Herzanfall wieder ins Leben zurückgeholt wurde, äußert:

«Auf einmal erfüllten mich die denkbar wohltuendsten Gefühle. Nichts auf der Welt existierte mehr, es gab nur noch Frieden, Wohlbehagen, Harmonie – vollkommene Ruhe. Alles, was mich je bedrückt hatte, schien von mir genommen zu sein, und ich dachte bei mir: ‹Oh, wie still und friedlich. Ich habe ja überhaupt keine Schmerzen mehr.›»

Und ein Mann erinnert sich:

«Ich hatte so ein herrliches Gefühl von Einsamkeit und Frieden . . . Es war wunderschön; in mir war alles ruhig und friedlich.»

Nach den Angaben eines Mannes, der infolge seiner Verwundung in Vietnam «gestorben» war, empfand er im Augenblick, als er getroffen wurde,

«. . . ein starkes Gefühl der Erleichterung. Ich hatte gar keine Schmerzen, und niemals zuvor habe ich je ein solches Gefühl des Entspanntseins gehabt. Ich fühlte eine große Harmonie in mir. Alles war gut.»

Das Geräusch

In vielen Fällen ist von unterschiedlichen, sonderbaren akustischen Eindrücken die Rede, die während des Sterbens oder kurz davor auftreten. Mitunter sind sie äußerst unangenehm. So spricht ein Mann, der im Laufe einer Unterleibsoperation zwanzig Minuten lang «tot» gewesen war, von «einem wirklich üblen Dröhnen, das innen aus meinem Kopf kam. Es war ein schreckliches Gefühl... Das Geräusch werde ich in meinem Leben nie vergessen.» Eine Frau hörte, während sie das Bewußtsein verlor, «ein lautes Tönen. Vielleicht könnte man es auch als ein Dröhnen bezeichnen. In meinem Kopf drehte sich alles.» Diese als überaus lästig empfundene Wahrnehmung ist mir gegenüber auch als lautes Knacken, Brausen, Krachen und als ein «wie vom Wind kommendes Pfeifen» beschrieben worden.

In anderen Fällen nehmen die akustischen Erscheinungen offenbar einen erfreulicheren, musikalischen Klang an. Zum Beispiel erinnert sich ein Mann, der ins Leben zurückgeholt wurde, nachdem er im Krankenhaus zunächst für «tot bei Einlieferung» erklärt worden war, daß er während seines Todeserlebnisses

«immer so etwas wie ein vom Wind herübergetragenes, aus weiter Ferne kommendes Glockenläuten» gehört habe. «Es klang wie japanische Windglöckchen... Das waren die einzigen Laute, die ich hin und wieder hörte.»

Eine junge Frau, die infolge von Blutgerinnungsstörungen um ein Haar an einer inneren Blutung gestorben wäre, berichtet über den Augenblick, als sie zusammenbrach: «Auf einmal hörte ich Musik, eine majestätische, wirklich wunderschöne Musik.»

Der dunkle Tunnel

Gleichzeitig mit dem Auftreten des Geräuschs haben die Betreffenden oftmals das Gefühl, sehr rasch durch einen «dunklen Raum» gezogen zu werden. Zur Beschreibung dieses Raumes werden viele verschiedene Ausdrücke verwendet. Ich habe ihn als «Höhle», «Schacht», «Rinne», «eingegrenzten Raum», «Tunnel», «Trichter», als «Vakuum», «Leere», als «Rohr», «Tal» und «Zylinder» bezeichnen hören. Obwohl sich die einzelnen Menschen hier unterschiedlicher Bezeichnungen bedienen, wird doch deutlich, daß sie alle die gleiche Vorstellung in Worte zu fassen versuchen. Wenden wir uns nun zwei Berichten zu, in denen der «Tunnel» eine maßgebliche Rolle spielt.

«Das Folgende ereignete sich, als ich ein kleiner Junge von neun Jahren war. Das ist zwar jetzt schon siebenundzwanzig Jahre her, aber es war so beeindruckend, daß ich es bis heute nicht vergessen habe. Eines Nachmittags wurde ich mit einemmal sehr krank, und man brachte mich schnell ins nächste Krankenhaus. Als ich dort ankam, wurde beschlossen, mir eine Narkose zu geben; warum, weiß ich nicht, weil ich eben damals noch zu klein war. In jener Zeit wurde noch mit Äther gearbeitet. Die Äthernarkose wurde mir verabreicht, indem man mir ein Tuch über die Nase legte – und genau in dem Augenblick, so bekam ich später gesagt, setzte mein Herz aus. Ich hatte damals natürlich keine Ahnung davon, was da passierte, aber auf jeden Fall hatte ich bei dieser Gelegenheit ein Erlebnis. Also das erste, was geschah – ich beschreibe das jetzt genauso, wie ich's damals empfunden habe –, war, daß ich so ein Tönen hörte: brrrrrnnnnng-brrrrrnnnnng-brrrrrnnnnng, immer im gleichen Rhythmus. Dann bewegte ich mich durch diesen – das wird Ihnen jetzt sicherlich absonderlich vorkommen – durch diesen langen dunklen Gang, dieses Rohr, oder was immer das war. Ich kann es einfach nicht beschreiben. Ich bewegte mich hin und her, vibrierte die ganze Zeit im Rhythmus dieses Geräuschs, dieses klingenden Geräuschs.»

Ein anderer Berichterstatter erklärt:

«Bei mir stellte sich eine sehr heftige allergische Reaktion auf ein örtliches Betäubungsmittel ein. Auf einmal atmete ich nicht mehr – ich hatte einen Atemstillstand. Als erstes – es ging alles unglaublich schnell – jagte ich mit Supergeschwindigkeit durch ein finsteres, schwarzes Vakuum. Man könnte es wohl mit einem Tunnel vergleichen, nehme ich an. Es kam mir vor wie auf dem Jahrmarkt Achterbahnfahren, so mit enormer Geschwindigkeit durch diesen Tunnel zu fegen.»

Während einer schweren Krankheit kam ein Mann dem Tod so nahe, daß sich seine Pupillen erweiterten und sein Körper kalt wurde. Er sagt:

«Ich befand mich in einer absolut finsteren, schwarzen Leere. Es ist sehr schwer zu erklären, aber ich hatte das Gefühl, als ob ich mich durch ein Vakuum bewegte, durch Finsternis und weiter nichts. Dabei war ich jedoch bei vollem Bewußtsein. Es schien, als steckte ich in einem Zylinder, in dem keine Luft war. Ich hatte ein Gefühl der Verlorenheit, so als wäre ich halb hier, halb anderswo.»

Ein Mann, der infolge von schweren Verbrennungen und Verletzungen, die er sich bei einem Sturz zugezogen hatte, mehrere Male «gestorben» war, gibt zu Protokoll:

«Der Schock hielt ungefähr eine Woche an, und während dieser Zeit machte ich mich auf einmal davon – in diese Finsternis, diese Leere. Anscheinend blieb ich lange dort, schwebte und taumelte nur in einem fort durch den Raum ... Ich war so versunken in diesen Räumen, daß ich an überhaupt nichts anderes mehr dachte.»

Vor seinem Erlebnis, das sich schon im Kindesalter zugetragen hatte, hatte einer meiner Gesprächspartner sich immer vor der Dunkelheit gefürchtet. Als nun jedoch durch die bei einem Fahrradunfall erlittenen Verletzungen sein Herzschlag aussetzte,

«... da hatte ich das Gefühl, daß ich mich durch ein tiefeingeschnittenes, sehr dunkles Tal bewegte. Die Finsternis war so tief und unergründlich, daß ich überhaupt nichts anderes erkennen konnte – und dennoch war das das wunderbarste, unbeschwerteste Erlebnis, das man sich nur denken kann.»

Eine Frau, die eine Bauchfellentzündung gehabt hatte, berichtet:

«Der Arzt hatte schon meinen Bruder und meine Schwester herbeigerufen, damit sie mich ein letztes Mal sehen könnten. Die Schwester gab mir noch eine Spritze, um mir das Sterben zu erleichtern. In meiner Umgebung im Krankenhaus begannen die Dinge in immer weitere Ferne zu rücken. Während sie zurückwichen, trat ich mit dem Kopf voran in einen ungemein dunklen Durchgang ein, in den ich offenbar haargenau hineinpaßte. Ich begann hinunterzugleiten, tiefer und immer tiefer.»

In einem anderen Fall zog eine Frau, die nach einem Verkehrsunfall den Tod gestreift hatte, eine Parallele zu einer Fernsehsendung:

«Es war ein Gefühl von höchster Ruhe und vollkommenem Frieden, ganz frei von Furcht, und ich fand mich auf einmal in einem Tunnel wieder – einem aus konzentrischen Kreisen bestehenden Tunnel. Kurz darauf sah ich im Fernsehen eine Sendung mit dem Titel ‹The Time Tunnel›, in der sich die Leute durch einen gewundenen Tunnel in der Zeit zurückbewegen. Sehen Sie, das ist das Ähnlichste, was mir überhaupt dazu einfällt.»

Aus seiner religiösen Überzeugung heraus zog ein Mann, der dem Tod sehr nahegekommen war, einen recht unterschiedlichen Vergleich. Er meint:

«Auf einmal befand ich mich in einem sehr dunklen und sehr tiefen Tal. Es war, als ob ein Weg, fast eine Straße, durch das Tal führte, und ich ging auf diesem Weg . . . Später, als ich wieder gesund war, kam mir der Gedanke: ‹Jetzt verstehe ich erst, was die Bibel mit dem ‚Ort und Schatten des Todes‘ sagen will – weil ich selbst dort gewesen bin.›»

Das Verlassen des Leibes

Es ist ein Gemeinplatz, daß die Mehrheit von uns sich die meiste Zeit mit ihrem physischen Körper identifiziert. Natürlich räumen wir ein, auch noch einen «Geist» zu besitzen. Für die meisten scheint der «Geist» jedoch viel vergänglicher zu sein als der Körper, ist er doch am Ende womöglich nichts weiter als die Folge der elektrischen und chemischen Vorgänge, die sich im Gehirn, also einem Teil des stofflichen Körpers, abspielen. Viele Menschen finden es unmöglich, sich auch nur vorzustellen, auf irgendeine andere Weise zu existieren als in dem physischen Körper, der ihnen vertraut ist.

Im Hinblick auf diese Einstellung unterschieden sich die von mir Befragten in der Zeit vor ihrem Erlebnis keineswegs vom Durchschnitt der Menschen. Daran mag es liegen, daß sich der Sterbende nach seinem raschen Durchgang durch den dunklen Tunnel oftmals einer so gewaltigen Überraschung gegenübersieht, kommt es ihm doch in diesem Augenblick zu Bewußtsein, daß er seinen eigenen physischen Körper von außen erblickt – ganz so, als wäre er ein «Zuschauer» oder «eine weitere im Raum anwesende Person», oder als erlebte er

Gestalten und Geschehnisse «in einem Theaterstück auf der Bühne» oder «in einem Film» mit. Wir wollen nun Abschnitte aus Berichten betrachten, in denen von solchen rätselhaften Aufenthalten im Zustand der Körperlosigkeit (oder eigentlich besser: «Ausleibigkeit») die Rede ist.

«Als ich siebzehn war, arbeitete ich zusammen mit meinem Bruder in einen Vergnügungspark. Eines Nachmittags beschlossen wir, schwimmen zu gehen, und eine ganze Reihe anderer junger Leute schloß sich uns an. Einer rief: ‹Auf geht's, schwimmen wir über den See!› Das hatte ich zwar schon unzählige Male gemacht, aber an diesem Tag – warum, weiß ich nicht – ging ich fast in der Mitte des Sees unter . . . Ich trudelte immer auf und nieder, und dann hatte ich auf einmal das Gefühl, als ob ich mich in einiger Entfernung von meinem Körper befände, abseits auch von den anderen, in einem Bereich ganz für mich. Obwohl ich mich beständig auf der gleichen Höhe hielt, sah ich meinen Körper etwa einen Meter vor mir im Wasser auf und nieder taumeln. Ich sah ihn von hinten, ein bißchen von schräg rechts her. Ich hatte immer noch den Eindruck, eine ganze Körpergestalt zu besitzen, obwohl ich mich doch außerhalb meines Körpers befand. Ein fast unbeschreibliches Gefühl der Leichtigkeit erfüllte mich; ich kam mir vor wie eine Feder.»

Eine Frau ruft sich ins Gedächtnis zurück:

«Ungefähr vor einem Jahr wurde ich wegen Herzbeschwerden ins Krankenhaus eingeliefert. Als ich am nächsten Morgen im Krankenhaus im Bett lag, spürte ich auf einmal einen sehr heftigen Schmerz in der Brust. Ich drückte auf den Knopf neben dem Bett, um die Schwestern zu rufen, und sie kamen herbei und begannen, sich um mich zu kümmern. Da ich es auf dem Rücken kaum aushalten konnte, drehte ich mich herum, und dabei stockte mir der Atem und der Herzschlag blieb weg. Im selben Augenblick hörte ich die Schwestern rufen: ‹Herzstillstand!› Ich fühlte, wie ich aus meinem Körper austrat und zwischen Matratze und Seitengitter des Bettes hinabglitt – es kam mir eigentlich eher so vor, als ob ich mich *durch* das Gitter hindurchbewegte –, bis ich am Boden ankam. Und von da an stieg ich ganz langsam in die Höhe. Während des Emporsteigens sah ich immer mehr Schwestern ins Zimmer gelaufen kommen, es müssen wohl etwa ein Dutzend gewesen sein. Sie riefen meinen Arzt, der sich gerade auf seiner Runde durchs Krankenhaus befand, und auch ihn sah ich hereinkommen. Ich dachte: ‹Was will er eigentlich hier?› Ich wurde immer weiter hinaufgetrieben, an der Lampe vorbei – ich sah sie ganz deutlich von der Seite –, bis ich unter der Decke zum Stillstand kam; dort oben schwebend blickte ich hinunter. Fast kam ich mir vor wie ein Stück Papier, das zur Decke hochgeblasen wurde.

Von da oben sah ich zu, wie man mich wiederbelebte! Klar und deutlich bot sich mir mein Körper dar, wie er da unten ausgestreckt auf dem Bett lag, um das sie alle herumstanden. Eine Krankenschwester hörte ich sagen: ‹O Gott, sie ist tot!›, während eine andere sich hinunterbeugte, um mir Mund-zu-Mund-Beatmung zu geben. Dabei blickte ich ihr auf den *Hinterkopf*, auf ihr ziemlich kurzgeschnittenes Haar. Den Anblick werde ich nie vergessen. Und dann kamen sie mit ihrer Maschine an, und ich sah, wie sie mir die Elektroden auf die Brust setzten. Als sie mir den Schock gaben, konnte ich sehen, wie mein Körper förmlich vom Bett in die Höhe schnellte, und ich hörte sämtliche Knochen darin knacken und rucken. Das war wirklich furchtbar!

Als ich sie da unten auf meinen Brustkorb klopfen und meine Arme und Beine reiben sah, dachte ich: ‹Warum geben sie sich bloß so viel Mühe, wo es mir doch jetzt so gut geht!›»

Ein junger Zeuge erklärt:

«Es war vor etwa zwei Jahren, als ich gerade neunzehn geworden war. Ich fuhr einen Freund mit dem Wagen nach Hause. Als ich an diese eine Kreuzung da in der Innenstadt kam, fuhr ich langsam und schaute nach rechts und links, konnte aber absolut nichts kommen sehen. Ich fuhr also weiter, doch da hörte ich meinen Freund schon gellend schreien und sah dann sofort ein blendendes Licht – die Scheinwerfer des Wagens, der auf uns zugerast kam. Ich hörte ein ganz fürchterliches Krachen – als der Wagen an der Seite eingedrückt wurde –, und dann kam ein kurzer Augenblick, in dem mir schien, als ob ich mich durch Dunkelheit, einen dunklen geschlossenen Raum, hindurchbewegte. Das ging alles sehr rasch. Und dann auf einmal schwebte ich offenbar über der Erde, vielleicht eineinhalb Meter vom Boden und etwa fünf Meter vom Auto entfernt, würde ich sagen, und da hörte ich gerade noch das Echo des Zusammenstoßes langsam verhallen. Ich sah zu, wie jetzt von allen Seiten Leute herbeigelaufen kamen und sich um den Wagen sammelten und wie mein Freund ausstieg, offensichtlich noch im Schock. In den Trümmern inmitten all dieser Leute erblickte ich meinen eigenen Körper und beobachtete, wie sie ihn herauszuziehen versuchten. Meine Beine waren völlig verrenkt, und alles war voll Blut.»

Wie man sich unschwer vorstellen kann, steigen in den Menschen, die sich in einer solchen außerordentlichen Lage befinden, ungekannte Gedanken und Gefühle auf. Die Vorstellung, außerhalb seines eigenen Körpers zu existieren, ist für viele so unerhört, daß sich ihnen – sogar, während sie genau das erleben – die Begriffe verwirren und sie die ablaufenden Geschehnisse für geraume Zeit überhaupt nicht mit dem Tod in Zusammenhang bringen. Sie wundern sich bloß, was denn eigentlich mit ihnen geschieht: Warum können sie sich selbst auf einmal wie ein Zuschauer aus der Entfernung betrachten?

Die emotionalen Reaktionen auf diesen seltsamen Zustand sind alles andere als einheitlich. Wie die meisten berichten, besteht zunächst beim Sterbenden der verzweifelte Drang, wieder in seinen Körper zurückzukehren, doch kann er sich überhaupt nicht vorstellen, wie das zu bewerkstelligen sei. Andere erinnern sich, von heftiger, fast panischer Furcht ergriffen worden zu sein. Einige Betroffene erwähnen jedoch auch positivere Reaktionen auf ihren Zustand, wie etwa im folgenden Bericht:

«Ich wurde sehr schwer krank, und der Arzt legte mich ins Krankenhaus. Eines Morgens nun wölkte ein dichter grauer Nebel um mich her, und ich verließ meinen Körper. Ich hatte ein Gefühl des Schwebens, als ich mich aus meinem Körper herausgleiten fühlte; ich schaute zurück und sah mich selbst da unten auf dem Bett liegen – und ich war ganz ohne Furcht. Alles ging sehr ruhig vor sich, sehr friedlich und heiter. Ich war kein bißchen verwirrt oder erschreckt. Angst empfand ich überhaupt nicht, nur das Gefühl großer Gelassenheit gegenüber allem, was geschah. Vielleicht würde ich sterben, soviel wußte ich, und auch, daß es mit mir aus und ich tot sein würde, falls ich nicht wieder in meinen Körper zurückgelangen könnte.»

Nicht minder augenfällige Unterschiede ergeben sich bei der Haltung, die die einzelnen Menschen ihrem zurückgelassenen Körper gegenüber einnehmen. Das Häufigste ist, daß ein Mensch von Gefühlen der Anteilnahme seinem Körper gegenüber berichtet. Eine junge Frau, die zur Zeit ihres Erlebnisses Schwesternschülerin war, bringt eine verständliche Furcht zum Ausdruck:

«Das ist schon irgendwie komisch, das weiß ich wohl – aber in der Schwesternausbildung hat man uns dauernd einzuhämmern versucht, daß wir unseren Körper doch ja der Wissenschaft zur Verfügung stellen sollten. Nun, also die ganze Zeit über, als man versuchte, meine Atmung wieder in Gang zu bringen, habe ich in einem fort gedacht: ‹Das möchte ich aber nicht haben, daß später jemand an diesem Körper da herumpräpariert!›»

Von zwei anderen Menschen habe ich gehört, daß auch sie – als sie sich außerhalb ihres Körpers wiederfanden – von der gleichen Sorge erfüllt waren. Interessanterweise waren beide auch in Heilberufen tätig, im einen Fall als Arzt, im anderen als Krankenschwester.

In einem anderen Fall äußerte sich die Anteilnahme als schmerzliches Bedauern. Ein Mann, bei dem nach einem schweren Sturz der Herzschlag ausgesetzt hatte, erinnert sich:

«Einmal – also, ich lag da auf dem Bett, aber zugleich konnte ich tatsächlich das Bett sehen und auch den Arzt, wie er sich um mich bemühte. Ich verstand das alles überhaupt nicht, aber ich sah meinen eigenen Körper auf dem Bett liegen – und da tat es mir richtig weh, als ich auf meinen Körper schaute und sah, wie schlimm er zugerichtet war.»

Von verschiedenen Beteiligten wurde mir berichtet, daß sie ihrem Körper ganz fremd gegenübergestanden hätten. So auch in dieser recht anschaulichen Passage:

«Daß ich so aussehe – Mann, nie im Leben hätte ich das gedacht! Wissen Sie, normalerweise kenne ich mich nur von Bildern her oder von vorne im Spiegel, und da sehe ich natürlich ganz *flach* aus. Aber auf einmal lag ich – oder vielmehr mein Körper – da vor mir, und ich konnte ihn mir besehen. Ich konnte ihn deutlich sehen, ganz genau, etwa eineinhalb Meter vor mir! Es dauerte tatsächlich ein Weilchen, bevor ich mich selbst erkannte.»

In einem der von mir gesammelten Berichte taucht das Gefühl der Fremdheit in ziemlich extremer und humorvoller Form auf. Ein Mann, Arzt von Beruf, erzählt, wie er sich während seines klinischen «Todes» neben dem Bett aufhielt und seinen eigenen Leichnam betrachtete, der sich inzwischen schon zu dem aschgrauen Ton verfärbt hatte, den der menschliche Körper nach dem Tode annimmt. Hoffnungslos verwirrt, überlegte er fieberhaft hin und her, was zu tun sei. Versuchsweise beschloß er, sich einfach davonzumachen, da er sich äußerst unbehaglich fühlte. Als er ein kleiner Junge gewesen war, hatte sein Großvater ihm immer Gespenstergeschichten erzählt, und noch heute hatte er sinnigerweise «... überhaupt keine Lust, mich in der Nähe von diesem Ding da aufzuhalten, das aussah wie eine Leiche – selbst wenn es meine eigene Leiche war!»

Im Gegensatz dazu haben manche jedoch erwähnt, daß sie ihrem Körper keinerlei besondere Gefühle entgegengebracht hätten. So zum Beispiel auch eine Frau, die einen Herzanfall erlitten hatte und sicher geglaubt hatte, daß sie daran sterben würde. Sie hatte das Gefühl, durch einen langen dunklen Raum aus ihrem Körper herausgezogen zu werden und sich ohne Zögern davonzubewegen. In ihren Worten:

«Ich blickte überhaupt nicht zu meinem Körper zurück. O ja, sicherlich war mir klar, daß er da lag, daß ich ihn ohne weiteres hätte sehen können. Aber ich verspürte nicht den geringsten Wunsch danach, wußte ich doch, daß ich in meinem Leben mein Bestes gegeben hatte – deshalb wandte ich meine Aufmerksamkeit jetzt ganz dieser neuen Sphäre zu. Mich zu meinem Körper umzudrehen, so schien es mir jedenfalls, hieße, sich zur Vergangenheit zurückzuwenden; ich war jedoch fest entschlossen, das zu vermeiden.»

Entsprechend äußert ein Mädchen, dessen Erlebnis der Ausleibigkeit nach einem schweren Autounfall stattgefunden hatte, bei dem sie ernste Verletzungen davontrug:

«Da im Wagen, inmitten all der Leute, die sich ringsum angesammelt hatten, konnte ich meinen vollständig zusammengequetschten Körper sehen – aber wissen Sie, sein Anblick löste keinerlei Gefühle in mir aus. Irgendwie war er für mich jetzt der Körper eines ganz anderen Menschen, vielleicht auch nur ein bloßer Gegenstand . . . Zwar wußte ich, daß das mein Körper war – aber er ließ mich vollkommen gleichgültig.»

Der Übergang in die Ausleibigkeit erfolgt so jählings, daß der Sterbende trotz der Seltsamkeit seines neuen Zustandes zumeist einige Zeit braucht, um die Bedeutung seines Erlebnisses zu erfassen. Er mag sich gut und gern schon geraume Zeit außerhalb seines Körpers befinden und verzweifelt versuchen, Klarheit in das Erlebte und in seine Gedanken zu bringen, bevor er erkennt, daß er stirbt, ja vielleicht sogar schon tot ist.

Wenn sich diese Einsicht schließlich einstellt, kann sie eine gewaltige Wirkung auf die Gefühle des Sterbenden ausüben und überraschende Reaktionen bei ihm hervorbringen. Eine Frau erinnert sich, gedacht zu haben: «Jetzt bin ich tot, o wie schön!»

Ein Mann erklärt, daß ihm auf einmal eingefallen sei: «Das muß jetzt das sein, was man den ‹Tod› nennt.» Selbst wenn es zu dieser Erkenntnis kommt, besteht daneben nicht selten eine gewisse Verwirrung, bis hin zur Weigerung, die eigene Situation zu akzeptieren. So ist es beispielsweise einem jungen Mann im Gedächtnis geblieben, daß er über das biblische Versprechen von «siebzig Jahren» nachsann und protestierte, er hätte doch «gerade erst zwanzig» hinter sich. Eine junge Frau stellte diese Gefühlslage eindrucksvoll dar, als sie mir erzählte:

«Ich dachte, jetzt bin ich tot. Nicht, daß ich das bedauert hätte, doch konnte ich einfach nicht darauf kommen, wohin ich denn jetzt eigentlich gehen sollte. Mein Denken und Bewußtsein waren absolut dasselbe wie im Leben, aber ich konnte mir das Ganze einfach nicht erklären. Ich dachte nur in einem fort: ‹Wohin soll ich bloß gehen? Was soll ich denn bloß machen?›, und ‹Mein Gott, ich bin tot! Ich kann es nicht glauben!› Weil man es doch nie wirklich für möglich hält – so scheint es mir jedenfalls –, weil man nie voll und ganz daran glaubt, daß man sterben wird. Das ist doch immer etwas, was nur den anderen passieren kann. Man weiß es zwar schon, aber so richtig tief im Herzen glaubt man's doch nie ... Deshalb entschloß ich mich, erst einmal abzuwarten, bis die ganze Aufregung abgeebbt wäre und man meine Leiche weggeschafft hätte. Dann würde ich versuchen, mir darüber klarzuwerden, wohin ich mich von dort aus wenden könnte.»

In einem oder zwei der von mir untersuchten Fälle behaupteten Sterbende, deren Seele, Geist, Bewußtsein (oder wie man es auch immer nennen will) sich von ihrem Körper getrennt hatte, daß sie daraufhin nicht das Gefühl gehabt hätten, sich in einem wie auch immer gearteten Körper aufzuhalten. Sie nahmen sich als «reines» Bewußtsein wahr. Ein Mann berichtet, daß er während seines Erlebnisses den Eindruck gehabt habe, «alles um mich herum sehen zu können – meinen ganzen Körper, so wie er da auf dem Bett lag, eingeschlossen –, ohne selbst Raum einzunehmen», das heißt, als ob er als «Bewußtseinspunkt» existierte. Ein paar andere sagen aus, ihnen sei entfallen, ob sie sich nach dem Verlassen ihres physischen Körpers noch immer in irgendeiner Art von

«Körper» befunden hätten, weil das Geschehen rings um sie herum sie so stark in Anspruch genommen hätte.

Die überwiegende Mehrzahl meiner Zeugen berichtet jedoch, daß sie sich nach der Loslösung von ihrem physischen Körper in einem anderen Körper wiedergefunden hätten. Damit sind wir auch schon in einem Bereich, der außerordentliche Schwierigkeiten bietet. Dieser «andere Leib» gehört zu den zwei oder drei Aspekten der Todeserfahrung, bei der sich die Unangemessenheit der menschlichen Sprache am hinderlichsten auswirkt. Fast für jeden, der mir von diesem «Leib» erzählen wollte, kam früher oder später ein Punkt, an dem er resignierend feststellen mußte: «Ich kann ihn nicht beschreiben» oder wo er mit einer ähnlichen Bemerkung aufgab.

Nichtsdestoweniger besteht zwischen den vorliegenden Aussagen über diesen Körper weitgehend Übereinstimmung. Obwohl die einzelnen Befragten unterschiedliche Worte gebrauchen und voneinander abweichende Vergleiche ziehen, fallen die verschiedenen Formulierungen augenscheinlich doch in dieselbe Kategorie. Auch im Hinblick auf die allgemeinen Eigenschaften und Merkmale des neuen Körpers stimmen die einzelnen Aussagen unzweifelhaft überein. Um mit einem Ausdruck zu reden, der seine Eigenart recht gut umreißt und den übrigens auch zwei meiner Gewährsleute schon benützt haben, werde ich ihn deshalb von nun an den «spirituellen Leib» nennen.

Wahrscheinlich sind es die Beschränkungen des spirituellen Leibes, die die Sterbenden zuerst auf ihn aufmerksam machen. Einmal außerhalb ihres physischen Körpers, müssen sie entdecken, daß sie offenbar niemand hört, gleichgültig wie verzweifelt sie auch immer versuchen, anderen ihre außerordentliche Lage verständlich zu machen. Im folgenden Auszug aus der Erzählung einer Frau, bei der die Atmung ausgesetzt hatte und die dann in den Reanimationsraum geschafft wurde, wo man Wiederbelebungsversuche vornahm, wird das sehr deutlich:

«Ich sah zu, wie ich wiederbelebt wurde. Es war wirklich eigenartig. Ich schwebte keineswegs in besonderer Höhe; mir schien fast, als stünde ich auf einem Podest, aber nicht wesentlich höher als die anderen – vielleicht, daß ich so grade eben über ihre Köpfe hinwegsah. Ich versuchte, mit ihnen zu reden, aber keiner konnte mich hören. Keiner hörte mir mehr zu.»

Wie um die Tatsache, daß die Menschen in seiner Umgebung ihn offenkundig nicht hören können, noch weiter zu erschweren, findet der Mensch in seinem spirituellen Leib alsbald heraus, daß er für die anderen obendrein auch noch unsichtbar ist. Das Krankenhauspersonal oder sonstige Personen, die um seinen stofflichen Körper versammelt sind, können geradewegs dahin schauen, wo er in seinem spirituellen Leib sich aufhält, ohne auch nur im mindesten zu erkennen zu geben, daß sie ihn überhaupt wahrnähmen. Überdies fehlt es seinem spirituellen Leib an Festigkeit; stoffliche Gegenstände seiner Umgebung gehen offenbar ohne Schwierigkeiten durch ihn hindurch, und er ist unfähig, Dinge oder Menschen, die er berühren möchte, auch tatsächlich zu greifen.

«Die Ärzte und Schwestern trommelten auf meinen Körper, um die Infusionen zu unterstützen und mich zurückzuholen, während ich beständig versuchte, ihnen zu sagen: ‹Laßt mich in Ruhe. Ich möchte weiter nichts als meine Ruhe. Hört doch endlich auf, auf mir herumzutrommeln!› Aber sie hörten mich nicht. Deswegen versuchte ich, ihre Hände wegzuschieben, damit sie meinen Körper nicht länger bearbeiteten – aber nichts geschah. Ich konnte nichts machen. Anscheinend – ich begreife gar nicht richtig, was denn eigentlich passiert war, aber ich konnte einfach ihre Hände nicht wegdrücken. Zwar sah es schon so aus, als ob ich sie berührte und ich gab mir alle Mühe, sie wegzuschieben – doch selbst wenn ich mit aller Kraft dagegendrückte, blieben ihre Hände da, wo sie waren. Ich weiß nicht, ob meine Hände durch die ihren hindurch oder um sie herumgingen, oder was eigentlich los war. So sehr ich auch versuchte, sie zu bewegen, schien doch auf ihre Hände überhaupt kein Druck zu wirken.»

Oder aus einem anderen Bericht:

«Aus allen Richtungen kamen die Leute zur Unfallstelle herbeigeströmt. Ich sah sie genau. Ich war in der Mitte eines sehr schmalen Gehsteigs. Also auf jeden Fall gingen sie da an mir vorbei und sahen mich offensichtlich überhaupt nicht. Sie liefen einfach weiter und schauten stur geradeaus. Sowie sie ganz dicht herankamen, versuchte ich jedesmal, mich zur Seite zu drehen, um sie vorbeizulassen – aber sie liefen doch tatsächlich *durch mich hindurch.*»

Wie ferner übereinstimmend berichtet wird, ist der spirituelle Körper auch schwerelos. Den meisten kommt das zum erstenmal zu Bewußtsein, während sie – wie in einigen der vorstehenden Auszüge – auf einmal zur Zimmerdecke oder in die Luft hochschweben. Viele erwähnen im Zusammenhang mit ihrem neuen Körper Gefühle des «Schwebens», der «Schwerelosigkeit» und des «Dahintreibens».

In unserem physischen Körper verfügen wir normalerweise über mehrere Wahrnehmungsweisen, die uns in jedem Augenblick genaue Auskunft über die Lage unseres Körpers im Raum sowie die Bewegungen seiner Gließmaßen geben. Gewiß stehen dabei Gesichts- und Gleichgewichtssinn im Vordergrund. Daneben existiert jedoch noch ein weiterer verwandter Sinn, die Kinästhesie, mit deren Hilfe wir Bewegung beziehungsweise Spannung in den Muskeln, Sehnen und Gelenken unseres Körpers wahrnehmen. Der Sinneseindrücke, die wir durch den kinästhetischen Sinn empfangen, sind wir uns gewöhnlich nicht mehr bewußt, da die Wahrnehmungsfähigkeit für diese praktisch unablässig ablaufenden Eindrücke abgestumpft ist. Sollte dieser Sinn jedoch einmal überraschend ausfallen, so würden wir sein Fehlen vermutlich noch im gleichen Augenblick bemerken. In der Tat haben mir zahlreiche Menschen berichtet, daß ihnen während der Existenz in ihrem spirituellen Leib die Abwesenheit der von Gewicht und Bewegung ausgehenden Körpergefühle sowie des Lagesinnes sehr wohl zu Bewußtsein gekommen sei.

Diese Merkmale des spirituellen Leibes, die sich zunächst offenbar als Begrenztheiten bemerkbar machen, lassen sich jedoch andererseits nicht minder zwingend als das Fehlen gewisser Beschränkungen betrachten. Im Hinblick auf die anderen um ihn herum befindet sich ein Mensch in seinem spirituellen Leib in bevorzugter Position: ungehindert kann er sie sehen und hören, während die anderen ihn ihrerseits weder sehen noch hören können. (Für manch einen Spion wäre das ein höchst beneidenswerter Zustand!) Ebenso macht es im Grunde überhaupt nichts aus, daß sich die Türklinke durch seine Hand hindurchbewegt, wenn er sie fassen will – kann er doch, wie sich bald herausstellt, einfach durch die geschlossene Tür hindurchgehen. Die Ortsveränderung gestaltet sich offensichtlich in dieser Verfassung ausgesprochen problemlos, sobald man nur erst einmal dahintergekommen ist. Die stoffliche Welt bietet keinerlei Hemmnisse mehr, so daß die Fortbewegung von einem Ort zum anderen außerordentlich schnell, ja fast blitzartig vor sich gehen kann.

Alle jene, die den spirituellen Leib erlebt haben, stimmen

ferner darin überein, daß er zwar von den in ihrem physischen Körper lebenden Menschen nicht wahrgenommen werden kann, dennoch aber *konkret existiert*, mag es auch unmöglich sein, ihn zu beschreiben. Die Angaben besagen übereinstimmend, daß der spirituelle Leib eine Gestalt beziehungsweise erkennbare Umrisse besitzt (manchmal erscheint er als kugelige oder formlose Wolke, manchmal jedoch auch im wesentlichen in der gleichen Gestalt wie der physische Leib). Außerdem wird er als gegliedert bezeichnet (mit Extremitäten oder Oberflächen entsprechend Armen, Beinen, Kopf, usw.). Selbst wenn seine Gestalt als im Umriß eher rund dargestellt wird, ist häufig doch von «Enden», klar erkennbarem Oben und Unten, ja sogar von den soeben erwähnten «Körperteilen» die Rede.

Dieser neue Körper ist mir in mannigfaltigen Ausdrücken geschildert worden. Es läßt sich jedoch unschwer erkennen, daß in allen Fällen annähernd die gleiche Vorstellung dahintersteht. Die verschiedenen Zeugen haben ihn mir gegenüber mit den folgenden Wörtern und Wendungen charakterisiert: als einen «Nebel», eine «Wolke», «wie Rauch», als einen «Dunst», als «durchsichtig», eine «Farbenwolke», «wie ein Rauchfaden», als ein «Kraftfeld», sowie mit weiteren Bezeichnungen ähnlichen Inhalts.

Schließlich versäumt es auch kaum einer der Betreffenden, auf die *Zeitlosigkeit* des körperlosen Zustands hinzuweisen. Viele bemerken, daß sie das kurze Zwischenspiel in ihrem spirituellen Leib zwar schon in zeitlichen Begriffen hätten beschreiben müssen (weil die menschliche Sprache nun einmal den Zeitaspekt enthält), doch hätte in ihrem Erlebnis die Zeit keineswegs dieselbe Rolle gespielt wie im realen Leben. Hier schließen sich nun Auszüge aus fünf Gesprächen an, in denen meine Gesprächspartner einige der erwähnten schwer vorstellbaren Züge der spirituellen Existenz direkt ansprechen.

1. «In einer Kurve verlor ich die Herrschaft über das Steuer, der Wagen geriet ins Schleudern und kam von der Straße ab. Ich weiß noch, daß ich den blauen Himmel sah und merkte, daß der Wagen auf den Graben zusteuerte. Im Augenblick, als das Ganze anfing, hatte ich mir noch gesagt ‹Jetzt habe ich einen Unfall›, doch von da ab hatte ich dann auf einmal überhaupt kein Gefühl für die Zeit mehr und auch meine körperliche Realität ging verloren – die Verbindung mit meinem Körper riß ab. Mein ‹Ich› oder mein ‹Selbst› oder mein ‹Geist›, egal wie man das immer nennen mag, löste sich von mir, ich fühlte es sozusagen durch meinen Kopf nach oben steigen. Es war nicht so, daß es mir weh getan hätte, es bewegte sich bloß irgendwie nach oben und befand sich dann da über mir . . .

Mir schien es fast, als hätte mein ‹Ich› eine gewisse *Dichte*, aber keine Dichte im physikalischen Sinn, sondern eher in der Art von Wellen, glaube ich: es hatte nichts Stoffliches an sich. Vielleicht könnte man es auch eine elektrische Ladung nennen, oder so etwas in der Art. Aber ich konnte spüren, daß da schon etwas war . . . Es kam mir klein und rund vor, ohne feste Umrisse. Vielleicht könnte man es mit einer Wolke vergleichen . . . Es sah beinah so aus, als ob es in einer eigenen Hülle steckte . . .

Als es sich aus meinem Körper löste, hatte ich das Gefühl, als käme zuerst ein großes und danach ein kleines Ende . . . Es war ein sehr leichtes Gefühl, wirklich sehr leicht. In keiner Weise wurde mein (stofflicher) Körper in Mitleidenschaft gezogen; mein Fühlen war vollkommen abgetrennt. Mein neuer Körper hatte überhaupt kein Gewicht . . .

Der eindrucksvollste Moment des ganzen Erlebnisses war

der, als mein ‹Ich› genau über dem vorderen Teil meines Kopfes verharrte. Fast hatte es den Anschein, als ob es sich zu entscheiden versuchte, ob es nun lieber gehen oder bleiben sollte. In dem Augenblick schien die Zeit stillzustehen. Am Anfang und am Ende des Unfalls ging alles so rasend schnell, aber in diesem besonderen Moment, gerade so zwischendrin, als mein ‹Ich› über mir schwebte und der Wagen über die Böschung stürzte, da schien es endlos lange zu dauern, bevor der Wagen schließlich aufsetzte; und während der ganzen Zeit war ich effektiv nicht mit meinem Auto oder dem Unfall oder mit meinem Körper beschäftigt – sondern allein mit meinem Bewußtsein . . .

Mein ‹Ich› hatte überhaupt keine stofflichen Merkmale, aber ich kann es doch nur auf stofflicher Ebene beschreiben. Ich könnte auf noch so viele Arten darüber sprechen, es mit noch so zahlreichen Worten schildern, aber nichts davon träfe wirklich zu. Man kann es praktisch nicht beschreiben.

Schließlich traf der Wagen auf dem Boden auf und überschlug sich; aber abgesehen von einer Verstauchung im Nakken und ein paar Schürfungen am Fuß blieb ich unverletzt.»

2. «(Als ich aus dem stofflichen Körper austrat,) schien es mir, als ob ich meinen Körper verließe, um in einen anderen Zustand einzutreten. Ich hatte nicht den Eindruck, mich in Nichts aufgelöst zu haben . . . Da war ein anderer Körper, jedoch kein ‹normaler› menschlicher Körper; das verhält sich ein wenig anders. Er entsprach im Grunde dem menschlichen Körper nicht, war aber andererseits auch kein grober Klumpen Materie . . . Er besaß wohl eine Form, jedoch keine Farben. Ich weiß noch genau, daß ich noch immer so etwas wie Hände besaß.

Ich kann ihn nicht beschreiben. Damals war ich vor allem von dem Geschehen um mich herum so fasziniert – daß ich meinen Körper da liegen sehen konnte und das alles –, daß ich mir eigentlich wenig Gedanken machte, in was für einer Art Körper ich denn jetzt wohl steckte. Außerdem spielte sich das Ganze offenbar in Windeseile ab. Die Zeit kam dabei im Grunde gar nicht vor – andererseits allerdings schon. Sobald man sich aus seinem Körper gelöst hat, scheint sich alles zu beschleunigen.»

3. «Ich kann mich noch daran erinnern, wie ich in den Operationssaal gefahren wurde. Die nächsten Stunden brachten die Krise. Während jener Zeit machte ich mich unablässig von meinem Körper los und trat dann wieder in ihn ein. Von einem erhöhten Punkt genau über ihm konnte ich meinen physischen Körper betrachten. Aber während ich das tat, befand ich mich noch immer in einem Körper – in keinem physischen, sondern in einem Gebilde, das ich am ehesten als ‹Kraftfeld› bezeichnen möchte. Müßte ich es unbedingt in Worte fassen, dann würde ich sagen, daß es ein durchsichtiges, und im Gegensatz zu einem materiellen ein spirituelles Wesen war. Trotzdem konnte ich mit Sicherheit einzelne Teile unterscheiden.»

4. «Als mein Herzschlag aussetzte . . . kam es mir in gewisser Weise so vor, als ob ich ein kugelrunder Ball wäre, oder vielleicht auch eine kleine Kugel – wie eine Schrotkugel – an der Innenseite dieses Balls. Aber genau beschreiben kann ich es nicht.»

5. «Ich hatte meinen Körper verlassen und besah ihn mir nun aus etwa zehn Meter Entfernung, aber mein Denken lief noch immer in den gleichen Bahnen wie im physischen Dasein. Der *Ort*, an dem ich mich aufhielt und meinen Gedanken nachhing, lag etwa in meiner normalen Körperhöhe. Ich befand mich jedoch nicht in einem ‹richtigen› Körper. Ich konnte etwas fühlen, was man vielleicht

– was man vielleicht eine Kapsel nennen könnte, oder so ähnlich, irgendwie eine reine Form. Ich konnte es nicht richtig sehen; es schien durchsichtig zu sein, allerdings nicht völlig. Ich war sozusagen einfach da – möglicherweise in Form von Energie, als eine Art kleines Kraftzentrum vielleicht. Auf jeden Fall kamen mir keinerlei Körpergefühle zu Bewußtsein, Temperatur oder irgendwas in der Richtung.»

Andere gingen in ihren Berichten kurz auf die Ähnlichkeit zwischen der Gestalt des physischen und der des neuen Körpers ein. Eine Frau erzählte mir, daß sie sich außerhalb ihres Körpers «noch immer im Besitz einer vollständigen Körpergestalt» gefühlt hätte, «mit Armen und Beinen und allem – selbst als ich schwerelos war». Eine andere Frau, die den an ihrem Körper vorgenommenen Wiederbelebungsversuch von einem Punkt genau unterhalb der Decke beobachtet hatte, erklärt: «Ich befand mich in diesem Augenblick immer noch in einem Körper. Alle Gliedmaßen ausgestreckt, schwebte ich da oben und sah hinunter. Als ich meine Beine bewegte, merkte ich, daß sich das eine wärmer anfühlte als das andere.»

Genau wie in diesem spirituellen Zustand die Fortbewegung ungehindert vonstatten geht, so auch – wie manche sich erinnern – das Denken. Sobald sie sich nur erst einmal mit der neuartigen Situation abgefunden hatten, so wurde mir wieder und wieder berichtet, dachten die Menschen, die diese Situation erlebten, auf einmal viel klarer und rascher als während ihrer physischen Existenz. Ein Mann erzählte mir zum Beispiel über sein «Totsein»:

«Was hier unmöglich scheint, ist es dort nicht. Das Denken ist dort von wunderbarer Klarheit. Mein Verstand registrierte einfach alles und verarbeitete das Aufgenommene sogleich, ohne sich ein weiteres Mal damit beschäftigen zu müssen.

Nach einiger Zeit kam es so weit, daß alles, was ich erlebte, mir in irgendeiner Weise etwas bedeutete.»

Während die Wahrnehmung im spirituellen Zustand einerseits der im stofflichen Körper vor sich gehenden weitgehend ähnelt, zeigen sich andererseits doch beträchtliche Unterschiede. In mancher Hinsicht ist die spirituelle Gestalt größeren Beschränkungen unterworfen. Wie wir bereits gesehen haben, fehlt der kinästhetische Sinn völlig. In zwei Fällen wurde von Beteiligten angegeben, daß sie keinen Temperatursinn besessen hätten, wohingegen in der Mehrzahl der Fälle von Empfindungen behaglicher «Wärme» die Rede ist. In keinem der von mir untersuchten Fälle wurde je von Geruchs- oder Tastempfindungen gesprochen.

Auf der anderen Seite verfügt der spirituelle Leib mit Sicherheit über ein den physiologischen Sinnesfähigkeiten von Sehen und Hören entsprechendes Wahrnehmungsvermögen, das das im physischen Dasein vorhandene in der Tat noch bei weitem übertrifft. Ein Mann etwa gibt an, daß seine Sehkraft während des «Totseins» offenbar um ein Vielfaches gesteigert war. In seinen Worten: «Mir ist unbegreiflich, wie ich so weit sehen konnte.» Eine Frau, die ähnliches erlebt hatte, bemerkt: «Es schien, als ob es für das spirituelle Sehen gar keine Schranken gäbe, als ob ich wirklich überall alles und jedes hätte mitansehen können.» Im nachstehenden Abschnitt aus einem Gespräch mit einer Frau, die sich infolge eines Unfalls aus ihrem Körper entfernt hatte, wird dieses Phänomen sehr anschaulich dargestellt:

«Viele Menschen rannten um den Unfallwagen herum, und es war überhaupt eine Menge los. Doch jedesmal, wenn ich den Blick auf eine bestimmte Person richtete, um herauszukriegen, was sie sich wohl so dachte, hatte ich ein Gefühl, als ob ich wie mit einem Zoom-Objektiv ganz dicht an sie heranfahren könnte, und schon war ich genau an der jeweiligen Stelle. Und doch blieb anscheinend immer ein Teil von mir – ich nenne ihn jetzt einmal mein Bewußtsein – dort zurück, wo ich mich zuvor befunden hatte, nämlich mehrere Meter von meinem Körper entfernt. Wenn ich in einiger Entferung jemanden sehen wollte, schien sich ein Teil von mir wie eine Art Fühler zu ihm hinzubewegen. Und mir kam es in dem Augenblick so vor, als ob ich überall in der Welt, wo immer auch etwas passieren mochte, zugegen sein könnte.»

Der im spirituellen Zustand auftretende «Gehörsinn» kann offensichtlich nur in vager Analogie zum normalen Hören überhaupt so genannt werden. Die meisten sagen denn auch aus, daß mit dem Gehör wahrnehmbare Stimmen oder Laute sie nicht mehr erreicht hätten; statt dessen schienen sie die Gedanken der Menschen um sie herum direkt aufzufangen. Wie wir später noch sehen werden, kann direkte Gedankenübertragung dieser Art in den fortgeschrittenen Stadien des Todeserlebnisses eine wichtige Rolle spielen.

Wie eine Frau sich ausdrückte:

«Überall um mich herum sah ich Leute, und ich konnte auch verstehen, was sie sagten. Ich ‹hörte› sie jedoch nicht akustisch, so wie ich Sie jetzt höre. Es war eher so, daß ich wußte – ganz genau wußte, was sie dachten, und zwar nicht in ihrer jeweiligen Ausdrucksweise, sondern nur in meinem Bewußtsein. Ich erhaschte es jedesmal genau in dem Augenblick, bevor sie den Mund zum Sprechen aufmachten.»

Schließlich führt ein einzigartiges und höchst aufschlußreiches Zeugnis zu dem Schluß, daß selbst schwere Verletzungen des physischen Körpers keinerlei nachteilige Folgen für den spirituellen Leib nach sich ziehen. Im betreffenden Fall wurde einem Mann nach dem Unfall, der zu seinem klinischen Tod führte, fast das ganze Bein abgenommen. Er war sich dessen auch bewußt, denn während der Arzt ihn behandelte, sah er seinen verletzten Körper aus einiger Entfernung ganz deutlich. Dennoch sagt er über seinen körperlosen Zustand:

«Ich konnte meinen Körper fühlen – er war unbeschädigt. Das weiß ich ganz genau. Ich fühlte mich heil und als ob ich im Besitz aller meiner Gliedmaßen wäre, obwohl das ja nicht stimmte.»

In diesem körperlosen Zustand ist ein Mensch also ganz von den anderen abgeschnitten. Obwohl er sie sehen und auch ihre Gedanken ausnahmslos verstehen kann, können sie ihn doch ihrerseits weder sehen noch hören. Sogar der durch den Tastsinn mögliche Kontakt fällt aus, da es dem spirituellen Leib an Festigkeit mangelt. Die Verständigung mit anderen Menschen ist unwiderruflich abgerissen. So kann es auch nicht überraschen, daß sich nach einer gewissen Zeit nachhaltige Gefühle des Abgeschlossenseins und der Einsamkeit einstellen. Wie ein Mann sagt, konnte er ohne weiteres seine gesamte Umgebung im Krankenhaus wahrnehmen, all die Ärzte, Schwestern und Angehörigen des übrigen Personals, die ihrer Tätigkeit nachgingen; nur mit ihnen in Verbindung treten konnte er absolut nicht, so daß er sich «hoffnungslos allein» vorkam.

Eine große Anzahl weiterer Zeugen hat mir die überwältigenden Einsamkeitsgefühle geschildert, die sie an diesem Punkt überkamen.

«Meine Erfahrung, alles, was ich dabei erlebte, war so wunderschön, aber eben doch unbeschreiblich. Ich wünschte mir so sehr, daß andere es mit mir zusammen hätten erleben können, denn ich hatte das Gefühl, daß ich niemandem je mitteilen könnte, was ich gesehen hatte. Da kam ich mir dann doch sehr einsam vor, weil keiner bei mir war, um das Erlebnis mit mir zu teilen. Dabei wußte ich freilich die ganze Zeit, daß kein anderer dort je dabeisein könnte. Dieses Gefühl, mich ganz in meiner eigenen Welt zu befinden, deprimierte mich in jenem Augenblick tief.»

Eine andere Stimme dazu:

«Ich war unfähig, irgend etwas zu berühren, unfähig, mich auch nur einem einzigen der anwesenden Menschen gegenüber verständlich zu machen. Es war ein Gefühl beängstigender Einsamkeit, vollkommener Isolierung. Ich wußte, ich war ganz allein, ganz und gar für mich.»

Und weiterhin:

«Ich war aufs äußerste verblüfft. Ich konnte es einfach nicht fassen, daß es jetzt soweit war. Was mich beschäftigte und quälte, war nicht ‹Oh, wie schrecklich, jetzt bin ich tot, und meine Eltern sind ganz allein zurückgeblieben; was werden sie trauern, und ich werde sie niemals wiedersehen –› nichts dergleichen kam mir je in den Sinn.

Die ganze Zeit über stand mir jedoch klar vor Augen, daß ich allein war, furchtbar allein sogar – fast als ob ich ein Besucher aus einer anderen Welt wäre. Alle Verbindungen schienen durchtrennt zu sein. Wirklich – als ob es überhaupt keine Liebe gäbe und gar nichts. Alles war so – so kalt. Ich verstehe das nicht recht.»

Sowie er tiefer in die Erfahrung der Todesnähe eindringt, werden die Einsamkeitsgefühle des Sterbenden jedoch bald zerstreut. Andere Wesen gesellen sich zu ihm, um ihm den bevorstehenden Übergang zu erleichtern. Wie es scheint, treten sie ebenfalls in Gestalt von Geistwesen auf; oftmals sind es bereits verstorbene Verwandte und Freunde, die der Sterbende zu seinen Lebzeiten gekannt hat. In der Mehrzahl der von mir ausgewerteten Fälle erscheint darüber hinaus noch ein spirituelles Wesen gänzlich anderer Art. In den folgenden Abschnitten wollen wir uns mit derartigen Begegnungen befassen.

Begegnung mit anderen

Eine ganze Reihe von Menschen hat mir berichtet, daß sie irgendwann im Laufe ihres Sterbeerlebnisses – sei es gleich zu Beginn, sei es erst später, nachdem bereits andere Ereignisse stattgefunden hatten – die Gegenwart anderer spiritueller Wesen in ihrer Nähe wahrgenommen hätten. Diese Wesen seien offensichtlich gekommen, um ihnen den Übergang in den Tod zu erleichtern, oder aber um ihnen – wie in zwei Fällen geschehen – anzukündigen, daß die Zeit zu sterben für sie noch nicht gekommen sei, weshalb sie zu ihrem stofflichen Körper zurückkehren müßten.

«Ich hatte dieses Erlebnis bei der Geburt meines Kindes. Es war eine überaus schwierige Entbindung, bei der ich sehr viel Blut verlor. Der Arzt gab mich schließlich auf und erklärte meinen Angehörigen, ich läge im Sterben. Ich war jedoch die ganze Zeit über hellwach, und genau in dem Augenblick, in dem ich ihn das sagen hörte, hatte ich das Gefühl, aus einer Ohnmacht hochzukommen. Und da bemerkte ich auf einmal auch die ganzen Menschen, die da in hellen Scharen, wie mir schien, überall an der Zimmerdecke entlangschwebten. Es waren alles Leute, die ich in meinem früheren Leben gekannt hatte, die aber schon vor mir gestorben waren. Ich erblickte meine Großmutter und ein Mädchen, das ich aus meiner Schulzeit kannte, und viele andere Verwandte und Freunde. Ich sah wohl hauptsächlich ihre Gesichter und spürte ihre Gegenwart. Sie machten alle einen fröhlichen Eindruck. Es war ein freudiges Zusammentreffen, und ich hatte das Gefühl, daß sie gekommen seien, um mich zu schützen und zu führen. Fast schien es so, als ob ich nach Hause gekommen wäre und sie mich nun begrüßen und willkommen heißen wollten. Die ganze Zeit über empfand ich alles als leicht und schön. Es war ein wunderbarer und herzerfreuender Augenblick.»

Ein Mann erinnert sich:

«Mehrere Wochen, bevor ich beinahe gestorben wäre, war Bob, ein guter Freund von mir, ums Leben gekommen. In dem Augenblick, als ich nun meinen Körper verließ, hatte ich sofort das Gefühl, daß Bob da war, daß er genau neben mir stand. Innerlich konnte ich ihn sehen, und ich spürte auch, daß er anwesend war – und doch war es merkwürdig. Ich sah ihn nicht in seinem normalen Körper. Ich erkannte ihn ganz deutlich, sein Äußeres und alles, nur eben nicht in seiner physischen Gestalt. Klingt das verständlich? Er war da, aber nicht in seinem stofflichen, sondern in einem irgendwie durchscheinenden Körper – ich konnte jeden Körperteil erahnen, Arme, Beine und so weiter – jedoch richtig plastisch vor mir *sehen* konnte ich ihn nicht. Damals hielt ich mich nicht weiter damit auf, wie seltsam das war. Ich fand es gar nicht notwendig, ihn jetzt unbedingt mit meinen Augen zu sehen – außerdem hatte ich ja gar keine Augen mehr.

Ich fragte ihn in einem fort: ‹Bob, wohin komme ich denn jetzt? Was ist geschehen? Bin ich schon tot?› Er antwortete jedoch nie, sagte niemals auch nur ein einziges Wort. Aber solange ich im Krankenhaus lag, war er oft bei mir, und ich fragte ihn dann jedesmal: ‹Was ist denn eigentlich?› – aber nie kam eine Antwort. Von dem Tag an, an dem die Ärzte erklärten, daß ich überleben würde, blieb Bob weg. Ich sah ihn danach nicht wieder, spürte auch seine Gegenwart nicht mehr. Es schien fast, als hätte er abgewartet, ob ich jene letzte Schranke denn auch tatsächlich überschreiten würde, bevor er mit mir sprechen und mir genau erklärten wollte, was mit mir geschah.»

In anderen Fällen sind den Sterbenden die spirituellen Wesen, denen sie begegnen, nicht schon aus ihrem Erdendasein bekannt. So berichtet eine Frau, im ausleibigen Zustand nicht nur ihren eigenen durchsichtigen spirituellen Leib, sondern auch den eines anderen, erst kürzlich verstorbenen Menschen erblickt zu haben. Wer dieser Mensch gewesen war, wußte sie nicht. Sie machte jedoch die aufschlußreiche Bemerkung dazu: «Von einem bestimmten Alter oder ähnlichem konnte ich bei diesem Menschen, diesem Geistwesen, nichts erkennen. Und mir selbst fehlte ja auch jegliches Zeitgefühl.»

In ein paar seltenen Fällen sind meine Gesprächspartner zu der Überzeugung gekommen, daß die Wesen, mit denen sie zusammengetroffen sind, ihre «Schutzgeister» waren. Einem Mann wurde von so einem spirituellen Wesen gesagt: «Durch dieses Stadium deiner Existenz habe ich dir geholfen, aber nun muß ich dich anderen übergeben.» Eine Frau erzählte mir, daß sie beim Austritt aus ihrem Körper die Gegenwart zweier anderer spiritueller Wesen entdeckt hätte, die sich als ihre «spirituellen Helfer» zu erkennen gegeben hätten.

In zwei sehr ähnlichen Fällen haben mir Menschen mitgeteilt, sie hätten eine Stimme gehört, die ihnen sagte, daß sie noch nicht tot seien und zurückkehren müßten. Wie der eine es ausdrückt:

«Ich hörte eine Stimme – keine menschliche Stimme, es war eher ein Hören jenseits der Sinne –, die mir erklärte, was ich zu tun hätte – zurückkehren –, und ich hatte überhaupt keine Angst davor, mich wieder in meinen physischen Körper zurückzubegeben.»

Schließlich können die spirituellen Wesen auch in mehr ungestalteter Form auftreten:

«Als ich tot war und mich in jener Leere befand, da sprach ich mit anderen Menschen – aber ich könnte dennoch nicht behaupten, daß ich mit *Körperwesen* gesprochen hätte. Trotzdem hatte ich das Gefühl, daß sich rings um mich Menschen befanden. Ich konnte ihre Gegenwart spüren und fühlen, daß sie sich bewegten, obwohl ich niemals jemanden ‹gesehen› habe. Ich sprach immer wieder einmal mit einem von ihnen, jedoch ohne sie dabei je zu Gesicht zu bekommen. Und jedesmal, wenn ich fragte, was eigentlich vorginge, sandte mir einer von ihnen getreulich einen Antwortgedanken zurück: es sei alles in Ordnung, ich stürbe, es würde mir jedoch gutgehen. Deshalb machte ich mir nie Sorgen um meinen Zustand. Auf jede Frage, die ich stellte, bekam ich ausnahmslos eine Antwort. Sie ließen mich nie im unklaren.»

Das Lichtwesen

Wohl das erstaunlichste in den von mir durchgearbeiteten Berichten wiederkehrende Element und mit Sicherheit dasjenige, das auf den einzelnen die tiefste Wirkung ausübt, ist die Begegnung mit einem sehr hellen Licht. Bei seinem ersten Auftreten ist es in der Regel matt, worauf es seine Helligkeit jedoch sehr rasch bis zu überirdischer Leuchtkraft steigert. Trotz der unbeschreiblichen Helligkeit dieses Lichts (das gewöhnlich als «weiß» oder «klar» bezeichnet wird) greift es die Augen in keiner Weise an, wie viele eigens betonen; es blendet nicht, noch hindert es daran, andere Dinge in der Umgebung wahrzunehmen (vielleicht deshalb, weil die Betroffenen zu diesem Zeitpunkt keine physischen «Augen» mehr haben, die geblendet werden könnten).

Ungeachtet seiner ungewöhnlichen Erscheinungsform hat keiner der Beteiligten auch nur den leisesten Zweifel daran geäußert, daß dieses Licht ein lebendes Wesen sei, ein Lichtwesen. Und nicht nur das: es hat personalen Charakter und besitzt unverkennbar persönliches Gepräge. Unbeschreibliche Liebe und Wärme strömen dem Sterbenden von diesem Wesen her zu. Er fühlt sich davon vollkommen umschlossen und ganz darin aufgenommen, und in der Gegenwart dieses Wesens empfindet er vollkommene Bejahung und Geborgenheit. Er fühlt eine unwiderstehliche, gleichsam magnetische Anziehungskraft von ihm ausgehen. Er wird unausweichlich zu ihm hingezogen.

Ohne die geringsten Abweichungen wird das Lichtwesen stets auf die oben angeführte Weise beschrieben. Interessanterweise wird es jedoch von Fall zu Fall und offenbar je nach dem besonderen religiösen Hintergrund, der jeweiligen Erziehung und religiösen Überzeugung des Betreffenden anders benannt. So identifiziert die Mehrzahl derer, die von ihrer Erziehung und Überzeugung her Christen sind, dieses Licht mit Christus, wobei sie gelegentlich Parallelen zur Bibel ziehen, um ihre Deutung zu untermauern. Ein Jude und eine Jüdin sahen in dem Licht einen «Engel». In beiden Fällen steht jedoch außer Frage, daß die Betreffenden damit keineswegs andeuten wollten, daß das Wesen Flügel hätte, Harfe spielte oder gar von menschlicher Gestalt und Erscheinung sei; sie sprachen allein von dem Licht. Wie jeder von ihnen auszudrücken versuchte, hielten sie das Licht für einen Abgesandten oder Führer. Ein Mann, der vor seinem Erlebnis keinerlei religiöse Überzeugung oder Unterweisung gehabt hatte, nannte das, was er gesehen hatte, ohne Umschweife «ein Lichtwesen». Zu derselben Bezeichnung griff auch eine Frau christlichen Glaubens, die offenbar keinerlei Notwendigkeit sah, das Licht «Christus» zu nennen.

Kurz nach seinem Erscheinen beginnt das Wesen, mit dem Sterbenden Verbindung aufzunehmen. Bemerkenswerterweise läuft die Verständigung dabei analog dem früher erwähnten direkten «Auffangen der Gedanken» ab, durch das ein Mensch in seinem spirituellen Leib sich mit seiner Umgebung verständigen kann. Denn auch hier bestehen die Auskunftspersonen darauf, weder eine von dem Wesen kommende Stimme oder sonstige Laute gehört noch ihm ihrerseits auf akustischem Wege geantwortet zu haben. Vielmehr heißt es, daß dabei direkte, ungehinderte Gedankenübertragung stattfinde, und zwar auf eine so klare Weise, daß sowohl Mißverständnisse als auch jegliches Lügen dem Licht gegenüber von vornherein ausgeschlossen seien.

Obwohl sich dieser ungehemmte Austausch noch nicht einmal in der Muttersprache des betreffenden Menschen vollzieht, ist dieser sich über den Sinn des Gesagten dennoch augenblicklich und vollständig im klaren. Die Gedanken und Gespräche, die abliefen, während er sich an der Schwelle des Todes befand, kann er nicht ohne weiteres in die menschliche Sprache übersetzen, der er sich nach seiner Wiederbelebung nun erneut bedienen muß.

Wenn wir die nächste Phase des Erlebnisses betrachten, wird die Schwierigkeit des Übersetzens aus dieser ungesprochenen Sprache sofort deutlich. Fast unverzüglich richtet das Wesen einen bestimmten Gedanken an den Menschen, in dessen Dasein es so unvermittelt eingetreten ist. Die Personen, mit denen ich gesprochen habe, versuchten zumeist, diesen Gedanken als Frage zu formulieren. Dabei sind mir folgende Übersetzungen gegeben worden: «Bist du darauf vorbereitet, zu sterben?», «Bist du bereit, zu sterben?», «Was hast du in deinem Leben getan, das du mir jetzt vorweisen kannst?» und «Was hast du mit deinem Leben angefangen, das bestehen kann?» Auf den ersten Blick scheint es Sinnunterschiede zu geben zwischen den ersten beiden Formulierungen, die auf das «Vorbereitetsein» abheben, und dem zweiten Paar mit seiner Betonung des «Erreichten». Meine Ansicht, daß dennoch im Grunde mit allen Versionen dasselbe ausgesagt werden soll, stützt sich vor allem auf den Bericht einer Frau, die es so ausdrückte:

«Die ersten Worte des Wesens an mich waren – es fragte mich gewissermaßen, ob ich bereit sei, zu sterben, und was ich in meinem Leben getan hätte, das ich ihm jetzt vorweisen wollte.»

Ferner zeigt sich bei einigem Nachforschen, daß «die Frage» auch im Falle abweichender Formulierung nichts von ihrer Eindringlichkeit einbüßt. So berichtete mir etwa ein Mann:

«Als ich ‹tot› war, stellte mir die Stimme eine Frage: ‹Ist dein Leben es auch wert?› Was sie meinte, war: Ob mir das Leben, das ich bis jetzt geführt hatte, im Lichte dessen, was ich jetzt wußte, immer noch lohnend erschiene.»

Nebenbei bemerkt versichern alle Beteiligten, daß diese Frage, so tiefgehend ihre elementare gefühlsmäßige Wirkung auch sein mag, keinesfalls vorwurfsvoll gestellt wird. Das Wesen, so berichten sie einmütig, richtet die Frage keineswegs anklagend oder drohend an sie, denn – gleichgültig, wie auch immer ihre Antwort ausfallen mag – fühlen sie doch nach wie vor dieselbe uneingeschränkte Liebe und Bejahung von ihm ausgehen. Der Sinn der Frage scheint vielmehr darin zu liegen, sie dazu anzuregen, ihr Leben offen und ehrlich zu durchdenken. Es ist, wenn man so will, eine sokratische Frage, die nicht um der vordergründigen Antwort willen gestellt wird, sondern um dem Gefragten zu helfen, selber auf dem Weg zur Wahrheit voranzuschreiten. Wenden wir uns nun einigen Berichten zu, in denen die Beteiligten selbst über dieses überirdische Wesen Auskunft geben.

1. «Ich hörte die Ärzte noch sagen, ich sei tot – und von jenem Augenblick an hatte ich dann das Gefühl, durch Finsternis, eine Art eingegrenzten Raum, zu fallen oder eher vielleicht zu schweben. Das kann man nicht richtig beschreiben. Es war alles pechschwarz, nur ganz weit in der Ferne konnte ich dieses Licht sehen, dieses unglaublich helle Licht. Am Anfang schien es nicht sonderlich groß zu sein, doch wuchs es immer mehr an, je näher ich kam.

Ich versuchte, mich zu diesem Licht dahinten hinzubewegen, weil ich glaubte, daß es Christus war; ich gab mir alle Mühe, diesen Punkt zu erreichen. Das Erlebnis machte mir keine Angst – es war eher freudig. Da ich Christ bin, hatte ich das Licht nämlich sofort mit Christus in Verbindung gebracht, der ja gesagt hat: ‹Ich bin das Licht der Welt.› Ich meinte zu mir selbst: ‹Wenn es jetzt soweit ist, wenn ich jetzt sterben muß, dann weiß ich, wer da am Ausgang in jenem Licht auf mich wartet.›»

2. «Ich war aufgestanden und durch die Diele gegangen, um mir etwas zu trinken zu holen, und dabei muß dann mein Blinddarm geplatzt sein, wie man später feststellte. Ich bekam einen Schwächeanfall und fiel zu Boden. Da überkam mich auf einmal das Gefühl, zu schweben, mich mit meinem wahren Sein aus meinem Körper heraus- und wieder hineinzubewegen, und zugleich hörte ich wunderbare Musik. Ich schwebte die Diele hinunter und zur Tür hinaus, auf die mit einem Gitter umgebene Veranda. Da schien mir fast, als ob sich auf einmal ein Wölkchen oder, besser gesagt, ein rötlicher Nebel um mich erhob, und dann schwebte ich geradewegs durch das Gitter, so als ob es überhaupt nicht vorhanden

wäre, und weiter hinauf in dieses reine, kristallklare Licht – ein leuchtendweißes Licht. Es war wunderschön und so hell, so strahlend, aber es tat den Augen nicht weh. So ein Licht kann man hier auf Erden überhaupt nicht beschreiben. Ich sah das Licht eigentlich nicht als Person an, aber es hat doch unzweifelhaft eine persönliche Individualität. Es ist ein Licht höchsten Verstehens und vollkommener Liebe.

Da erreichte der Gedanke mein Bewußtsein: ‹Liebst du mich?› Er kam nicht ausdrücklich in Form einer Frage, aber ich glaube doch, daß das Wesen damit zugleich sagen wollte: ‹Wenn du mich wirklich liebst, dann geh zurück und vollende, was du in deinem Leben begonnen hast.› Währenddessen fühlte ich mich die ganze Zeit in überwältigende Liebe und Barmherzigkeit eingehüllt.»

3. «Ich wußte, daß ich starb und daß es nichts gab, was ich dagegen hätte tun können, weil mich doch keiner mehr hörte . . . Ich befand mich außerhalb meines Körpers, ganz ohne Zweifel. Ich konnte ihn da auf dem Operationstisch liegen sehen. Meine Seele war ausgetreten! Zunächst drückte mich all das furchtbar nieder, aber dann erschien dieses gewaltig helle Licht. Am Anfang war es wohl ein bißchen matt, aber dann schwoll es zu einem Riesenstrahl – es war einfach eine enorme Lichtfülle, mit einem großen hellen Scheinwerfer überhaupt nicht zu vergleichen, wirklich ungeheuer viel Licht. Außerdem strahlte es Wärme aus; ich konnte sie deutlich spüren.

Das Licht war von einem hellen, gelblichen Weiß, jedoch mehr zum Weißen hin. Es war außerordentlich hell, einfach unbeschreiblich. Obwohl es alles zu bedecken schien, konnte ich doch meine ganze Umgebung deutlich erkennen – den Operationssaal, die Ärzte und Schwestern, wirklich alles. Ich konnte deutlich sehen. Es blendete überhaupt nicht.

Als das Licht erschien, wußte ich zuerst nicht, was vorging. Aber dann – dann fragte es mich, es fragte mich irgendwie, ob ich bereit sei, zu sterben. Es war, als spräche ich mit einem Menschen – nur daß eben kein Mensch da war. Es war wahrhaftig das Licht, das mit mir sprach, und zwar mit einer *Stimme*.

Inzwischen glaube ich, daß die Stimme, die mit mir gesprochen hatte, tatsächlich merkte, daß ich noch nicht zum Sterben bereit war. Wissen Sie, es ging ihm wohl vor allem darum, mich zu prüfen. Dennoch habe ich mich von dem Augenblick an, in dem das Licht mit mir zu sprechen begann, unendlich wohl gefühlt, geborgen und geliebt. Die Liebe, die es ausströmte, ist einfach unvorstellbar, überhaupt nicht zu beschreiben. Es war ein Vergnügen, sich in seiner Nähe aufzuhalten, und es war auch humorvoll auf seine Art, ganz gewiß!»

Die Rückschau

Das erste Auftreten des Lichtwesens und seine prüfenden, ohne Worte gestellten Fragen leiten eine Szene von bestürzender Eindringlichkeit ein, während der das Wesen in einer Überschau dem Sterbenden das Panorama seines Lebens vorführt. Wie oftmals klar zutage tritt, sieht das Wesen das ganze Leben des Individuums ausgebreitet vor sich liegen und benötigt seinerseits keinerlei Information. Seine Absicht ist es allein, zur Rückbesinnung anzuregen.

Die Rückschau nun läßt sich am ehesten durch den Hinweis auf Erinnerungsbilder beschreiben, da diese ihr unter allen vertrauten Erscheinungen am nächsten stehen; andererseits weist sie jedoch Merkmale auf, die sie von jedem normalen Erinnerungsprozeß abheben. Zunächst einmal läuft sie mit außerordentlicher Geschwindigkeit ab. In zeitlicher Hinsicht wird berichtet, daß die Bilder einander rasch und in chronologischer Ordnung folgen. Andere Zeugen wiederum können sich nicht erinnern, überhaupt eine zeitliche Reihenfolge wahrgenommen zu haben. Das Wiedererkennen ging blitzartig vor sich; alle erinnerten Geschehnisse erschienen gleichzeitig und konnten mit einem Blick des geistigen Auges erfaßt werden. Unabhängig von der jeweiligen Ausdrucksweise der Betroffenen besteht offenbar doch Einigkeit darüber, daß das Erlebnis, gemessen an irdischer Zeit, in einem einzigen Augenblick vorüber war.

Obwohl sie so außerordentlich rasch vor sich geht, wird die Rückschau, die fast durchweg als Spiel visueller Vorstellungsbilder bezeichnet wird, von den Betroffenen doch übereinstimmend als erstaunlich lebendig und lebensecht dargestellt. In manchen Fällen wird von dreidimensionalen und sogar bewegten Bildern in lebhaften Farben berichtet. Selbst wenn sie Schlag auf Schlag vorbeiflimmern, wird dennoch jedes einzelne Bild wahrgenommen und auch erkannt, ja während des Betrachtens werden die mit den Bildern zusammenhängenden Gefühle und Gemütsbewegungen manchmal sogar erneut durchlebt. Von den geringfügigsten bis zu den bedeutsamsten Handlungen – so versichern einige der von mir Befragten, ohne es allerdings genauer erklären zu können – wäre in der Rückschau alles enthalten gewesen, was sie in ihrem Leben je getan hätten. Andere geben an, in erster Linie die Höhepunkte ihres Daseins noch einmal vor sich gesehen zu haben. Manche haben mir versichert, ihnen sei nach dem Lebensrückblick noch geraume Zeit jedes Ereignis ihrer Vergangenheit in allen Einzelheiten gewärtig gewesen.

Von einigen Menschen wird das Ganze als erzieherische

Bemühung durch das Lichtwesen betrachtet. Es habe sie, während die Bilder vor ihrem inneren Auge vorbeizogen, besonders auf die Bedeutung zweier Dinge im Leben hingewiesen: andere Menschen lieben zu lernen und Wissen zu erwerben. Wenden wir uns nun einem in dieser Hinsicht charakteristischen Bericht zu:

«Als das Licht erschien, sagte es als erstes zu mir: ‹Was hast du in deinem Leben getan, das du mir jetzt vorweisen kannst?› oder so ähnlich. Im selben Augenblick fingen die Rückblenden an. ‹Nanu, was ist denn jetzt?› dachte ich, als ich mich plötzlich in meine Kindheit zurückversetzt sah. Von da ab durchschritt ich dann praktisch jedes einzelne Jahr meines Lebens, von meiner frühen Kinderzeit bis zur Gegenwart.

Es war auch schon so eigenartig, womit es anfing: als ich als kleines Mädchen unten am Bach bei uns in der Nachbarschaft spielte. Aus jener Zeit folgten noch mehrere Szenen – Erlebnisse, die meine Schwester und ich gemeinsam gehabt hatten, Einzelheiten über Leute aus der Nachbarschaft und reale Orte, an denen ich gewesen war. Dann kam die Zeit in der Vorschule, als ich ein Spielzeug, das mir besonders lieb war, entzweischlug und deswegen noch lange weinte. Das war wirklich ein traumatisches Erlebnis für mich. Die Bilder führten mich weiter voran zu den Jahren, als ich zu den Pfadfindern gehörte und zelten ging, und dann stiegen zahlreiche Erlebnisse aus der ganzen Zeit in der Grammar School wieder vor mir auf. Als ich dann in die Junior High School ging, bedeutete es eine ganz große Ehre, in die Scholastic Achievement Society (Club der besten Schüler) gewählt zu werden, und ich erlebte in der Erinnerung noch einmal, wie ich damals aufgenommen wurde. Weiter ging es durch die Junior High School, dann durch die Senior High School bis zum Schulabschluß und schließlich durch meine ersten Jahre im College bis zu dem Punkt, an dem ich mich damals befand.

Die vergangenen Ereignisse, die ich jetzt noch einmal vor mir sah, rollten in derselben Reihenfolge wie im Leben ab, und sie waren vollkommen lebensecht. Die Bilder wirkten so, als ob man sie draußen in Wirklichkeit vor sich sähe; sie waren ungemein plastisch und in Farbe – und sie waren bewegt. Bei der Szene, als ich mein Spielzeug zerbrach, konnte ich zum Beispiel alle meine Bewegungen sehen. Es war nicht so, daß ich alles aus meiner damaligen Perspektive beobachtet hätte, beileibe nicht. Das kleine Mädchen, das ich sah, schien jemand anderes zu sein, eine Gestalt aus einem Film, irgendeine Kleine unter all den anderen Kindern, die sich da auf dem Spielplatz tummelten. Und doch war ich es selbst. Ich sah mich selbst als Kind in all diesen Situationen, in genau denselben Situationen, die ich erlebt hatte und an die ich mich erinnern kann.

Ich hatte das Licht nicht mehr gesehen, während ich mit der Rückblende beschäftigt war. Sobald es mich nach meinem Leben gefragt hatte, war es verschwunden und die Rückschau hatte begonnen. Dennoch wußte ich, daß es die ganze Zeit über bei mir war und mich durch die Rückblenden aus meinem Leben führte, weil ich seine Gegenwart spürte und weil es ab und zu Bemerkungen machte. Es wollte mir mit jedem dieser Rückblicke etwas zeigen. Es ging ihm nicht darum, zu erfahren, was ich in meinem Leben getan hatte – das wußte es bereits –, sondern es suchte ganz bestimmte Ereignisse aus und führte sie mir vor, damit ich sie wieder frisch im Gedächtnis hätte.

Es betonte immer wieder, wie wichtig die Liebe sei. Am deutlichsten zeigte es mir das an den Stellen, an denen meine Schwester vorkam, zu der ich immer ein sehr enges Verhältnis gehabt hatte. Erst führte mir das Wesen einige Beispiele vor, wo ich mich ihr gegenüber selbstsüchtig verhalten hatte, dann jedoch auch genauso viele Male, wo ich liebevoll und freigebig gewesen war. Es erklärte mir, ich solle versuchen, auch an andere zu denken und mich dabei nach Kräften bemühen. All das enthielt jedoch nicht den geringsten Vorwurf. Zu den Vorfällen, bei denen ich egoistisch gehandelt hatte, meinte das Wesen nur, daß ich auch aus ihnen gelernt hätte.

An Wissensfragen schien ihm ebenfalls sehr zu liegen. Wiederholt machte es mich auf Dinge aufmerksam, die mit dem Lernen zu tun hatten, und es erklärte ausdrücklich, daß ich auch in Zukunft weiterlernen würde. Selbst wenn es mich das nächste Mal riefe (zu diesem Zeitpunkt hatte es mir schon gesagt, daß ich zurückkehren würde), ginge die Suche nach Wissen doch immer weiter. Es sprach davon als von einem kontinuierlichen Prozeß; deshalb nehme ich an, daß sie auch nach dem Tode andauern wird. Ich glaube, daß das Lichtwesen die Rückblenden mit mir durchging, um mich zu belehren.

Es war alles überaus seltsam: daß ich dort war, tatsächlich diese Rückblenden sah und mich in so raschem Tempo durch die ganzen Szenen hindurchbewegte. Dennoch waren sie nicht so schnell, daß ich sie nicht mehr hätte aufnehmen können. Das Ganze hat trotzdem nicht lange gedauert, glaube ich. Anscheinend erschien zuerst das Licht, dann verfolgte ich die Rückblenden, und danach kam das Licht zurück. Ich nehme an, daß es auf jeden Fall weniger als fünf Minuten, wahrscheinlich aber mehr als dreißig Sekunden waren; aber genau kann ich es Ihnen nicht sagen.

Angst überkam mich nur an einer einzigen Stelle, nämlich als es schien, als ob ich mein Leben hier nicht zu Ende führen könnte. Trotzdem habe ich mir diese Rückschau gerne angesehen. Sie hat mir Spaß gemacht. Ich habe es genossen, in meine Kindheit zurückzukehren, sie gewissermaßen beinahe noch einmal zu erleben. Ich wurde in die Vergangenheit zurückversetzt und überschaute sie in einer Weise, wie man es eben normalerweise nicht kann.»

Weiter ist darauf hinzuweisen, daß Berichte vorliegen, nach denen die Rückschau auch dann erlebt wird, wenn das Lichtwesen nicht auftritt. In den Erlebnissen, in denen das Lichtwesen unverkennbar «Regie führt», gewinnt die Rückschau jedoch noch stärkere Überzeugungskraft. Nichtsdestoweniger wird sie stets als sehr lebendig, außerordentlich stark gerafft und wahrheitsgetreu geschildert, unabhängig davon, ob sie im Beisein des Lichtwesens abläuft oder nicht, und offensichtlich macht es auch keinen Unterschied, ob sie im Laufe eines Sterbeerlebnisses auftritt, das tatsächlich zum «Tod» führt oder bei dem er nur um Haaresbreite gestreift wird.

«Nach dem ganzen Krachen und dem Durchgang durch diesen langen dunklen Tunnel fand ich an seinem Ende alle meine Kindheitsgedanken vor mir ausgebreitet, und mein ganzes Leben blitzte noch einmal vor meinen Augen auf. Es ging eigentlich nicht in Bildern vor sich, mehr auf Gedankenebene, glaube ich. Ich kann es Ihnen nicht genau beschreiben. Es war wirklich alles darin enthalten, ich meine, alle Ereignisse meines Lebens kamen zugleich darin vor. Es war nicht so, daß immer nur eine Sache für sich so ein bißchen aufgeflackert wäre, nein – ich sah mein ganzes Leben auf einmal, alle Erlebnisse gleichzeitig. Meine Gedanken verweilten bei meiner Mutter, bei all den Gelegenheiten, wo ich Unrechtes getan hatte. Nachdem ich die Bosheiten, die ich als Kind begangen hatte, noch einmal vor mir gesehen und mir dann meine Eltern ins Gedächtnis gerufen hatte, da wünschte ich bloß, ich hätte das alles damals nicht getan, und nichts wäre mir lieber gewesen als hingehen und alles ungeschehen machen zu können.»

In den nun folgenden zwei Beispielen trat das Erlebnis nicht nach dem klinischen Tod auf, sondern beim Vorliegen von akutem physiologischem Stress oder bei Verletzung.

«Die ganze Situation hatte sich überraschend entwickelt. Ich hatte mich schon seit etwa vierzehn Tagen nicht wohl gefühlt und leichtes Fieber gehabt, doch in dieser Nacht verschlechterte sich mein Zustand rapide. Ich kann mich noch daran erinnern, daß ich im Bett lag und meine Frau aufwecken wollte, um ihr zu sagen, daß es mir schlechter gehe, aber ich konnte mich auf einmal überhaupt nicht mehr rühren. Mehr noch: ich fand mich mit einemmal in absoluter Finsternis, im Leeren, wieder, und mein ganzes Leben rollte blitzartig vor mir ab. Es begann in der Zeit, als ich sechs oder sieben war, mit der Erinnerung an einen guten Freund, den ich in der Grammar School gehabt hatte. Nach der Grammar School sah ich mich in der High School und im College, dann beim Studium der Zahnmedizin und schließlich in meiner zahnärztlichen Praxis. Es war mir bewußt, daß ich sterben würde, und ich weiß noch, daß ich dachte: Aber ich muß doch meine Familie ernähren! Um keinen Preis wollte ich jetzt sterben, wo ich manches, was ich in meinem Leben getan hatte, bereute und bei einigen anderen Dingen bedauerte, sie unterlassen zu haben.

Diese Rückblende lief in Form von ‹geistigen Bildern› ab, würde ich sagen, die jedoch verglichen mit gewöhnlichen Bildern ungleich lebendiger waren. Ich erlebte nur die Höhepunkte, und zwar so rasend schnell, daß es mir vorkam, als durchblätterte ich im Lauf von Sekunden mühelos das ganze Buch meines Lebens. Es zog wie ein ungeheuer rasch ablaufender Film an mir vorüber, und doch war ich in der Lage, alles richtig aufzunehmen und zu verarbeiten. Die Bilder riefen jedoch nicht die Gefühle der Vergangenheit noch einmal in mir wach, weil es dafür viel zu schnell ging.

Während dieses Erlebnisses sah ich sonst nichts weiter. Abgesehen von den Bildern befand ich mich in äußerster Finsternis. Doch fühlte ich die ganze Zeit über ganz deutlich die Gegenwart eines sehr machtvollen, schrankenlos liebenden Wesens in meiner Nähe.

Es ist wirklich faszinierend: dank diesem Erlebnis hätte ich in der Zeit meiner Genesung jedem ausführlich und gründlich über jede kleine Einzelheit in meinem Leben Auskunft geben können. Es war eine beeindruckende Erfahrung. Sie ist schwer in Worte zu fassen, weil alles so blitzschnell abläuft, doch ist sie von außerordentlicher Klarheit.»

Ein junger Kriegsteilnehmer schildert seine Lebensrückschau:

«Als ich in Vietnam diente, wurde ich verwundet, was dazu führte, daß ich ‹starb›. Die ganze Zeit über erlebte ich jedoch ganz genau alles mit, was mit mir vorging. Als es passierte und ich von sechs Maschinengewehrkugeln getroffen wurde, geriet ich überhaupt nicht außer Fassung. Im Herzen fühlte ich mich nach der Verwundung tatsächlich erleichtert. Ich empfand Wohlbehagen. Das Ganze hatte nichts Beängstigendes für mich.

In dem Augenblick, als ich getroffen wurde, erschien auf einmal mein ganzes Leben als Bilderbogen vor mir. Ich sah mich in die Zeit zurückversetzt, als ich noch ein kleines Kind war, und von da ab bewegten sich die Bilder weiter durch mein ganzes Leben.

Ich konnte mich wirklich an alles erinnern. Alles stand so klar und lebendig vor mir. Von den frühesten Ereignissen, an die ich mich gerade noch eben erinnern kann, bis herauf zur

Gegenwart war alles genauestens aufgezeichnet, und es lief in Windeseile vor mir ab. Das Ganze war überhaupt nicht unangenehm; ich empfand dabei weder Bedauern noch irgendwelche herabsetzenden Gefühle mir selbst gegenüber.

Der treffendste Vergleich, der mir dazu einfällt, wäre der mit einer Bilderserie, einer Dia-Reihe vielleicht. Es war etwa so, als ob jemand Dias vor mir projiziert hätte, in außerordentlich raschem Tempo.»

Schließlich sei hier noch ein Fall einer extremen seelischen Notlage erwähnt, die ganz dicht an den Tod heranführte, obwohl es zu keinerlei Verletzungen gekommen war:

«Im Sommer nach meinem ersten Jahr im College hatte ich einen Job als Fernfahrer angenommen. Ich fuhr einen schweren Sattelschlepper. Damals hatte ich dauernd damit zu kämpfen, nicht hinterm Steuer einzuschlafen. Eines Morgens früh, als ich mit dem Laster wieder auf einer langen Fahrt unterwegs war, nickte ich ein. Das Letzte, was ich vor dem Eindösen noch mitbekam, war ein Verkehrsschild. Dann kam ein fürchterliches Schrammen, der rechte äußere Reifen platzte, und durch das Gewicht und das Schwanken des Wagens platzten kurz darauf auch die Reifen an der linken Seite. Der Laster kippte um und rutschte die Straße entlang auf eine Brücke zu. Ich hatte Angst, denn es war vorauszusehen, daß der Laster die Brücke rammen würde.

Während dieses Augenblicks, als der Wagen ins Rutschen kam, lief in Gedanken mein ganzes Leben vor mir ab. Ich sah nicht alles, nur die Höhepunkte. Es war vollkommen lebensecht. Als erstes sah ich, wie ich hinter meinem Vater am Strand entlangstapfte, als ich zwei Jahre alt war. Der Reihe nach kamen noch ein paar andere Erlebnisse aus meinen ersten Lebensjahren, und danach stand mir vor Augen, wie ich als Fünfjähriger das neue rote Auto demolierte, das ich zu

Weihnachten bekommen hatte. Ich erinnerte mich daran, wie ich in der ersten Klasse heulend in dem grellgelben Regenmantel zur Schule ging, den meine Mutter mir gekauft hatte. Aus jedem Jahr in der Grammar School fiel mir wieder ein bißchen was ein. Jeder einzelne meiner Lehrer tauchte wieder vor mir auf, und aus jedem Jahr kam mir wieder eine herausragende Einzelheit ins Gedächtnis. Dann wechselte ich auf die Junior High School über, ging nebenbei Zeitungen austragen und arbeitete in einem Lebensmittelgeschäft, und so ging es weiter bis zu dem Punkt, an dem ich damals stand, kurz vor dem zweiten Jahr im College.

Alle diese Ereignisse und noch viele andere zogen da im Geist blitzschnell an mir vorüber. Vermutlich dauerte es nicht länger als den Bruchteil einer Sekunde. Auf einmal jedoch war es vorbei, ich stand da, starrte auf den Lastwagen und dachte, ich wäre tot, dachte, ich wäre ein Engel. Ich kniff mich in den Arm, um herauszukriegen, ob ich noch am Leben war, oder ein Geist, oder was eigentlich.

Der Laster war ein einziger Trümmerhaufen, während ich nicht einen Kratzer abbekommen hatte. Ich muß wohl vorne durch die Windschutzscheibe herausgesprungen sein. Auf jeden Fall war das ganze Glas herausgebrochen. Als ich wieder etwas ruhiger war, dachte ich bei mir, wie seltsam es war, daß diese Ereignisse aus meinem Leben, die bleibenden Eindruck auf mich hinterlassen hatten, während dieses kritischen Augenblicks durch mein Bewußtsein gezogen waren. Wahrscheinlich könnte ich mir die ganzen Vorfälle schon noch einmal überlegen und sie mir erneut ins Gedächtnis und in die Vorstellung rufen, doch würde ich wohl mindestens eine Viertelstunde dazu brauchen. Damals waren sie jedoch alle auf einmal gekommen, ganz von selbst und in weniger als einer Sekunde. Es war wirklich erstaunlich.»

Die Grenze oder Schranke

In einigen Fällen ist mir von den Beteiligten geschildert worden, wie sie sich im Laufe ihres Erlebnisses der Todesnähe irgendwann einer Stelle näherten, die man wohl als eine Art «Grenze» oder «Scheidelinie» bezeichnen könnte. In verschiedenen Zeugnissen erscheint sie jeweils als «Gewässer», «grauer Nebel», als «Tür», «durch ein Feld laufender Zaun» oder schlicht als «Linie». Daran ließe sich die – freilich höchst spekulative – Frage anschließen, ob dem allem möglicherweise nicht eine einheitliche Erfahrung oder Vorstellung zugrunde liegt. Sollte das zutreffen, dann wären in den einzelnen Versionen nur individuell unterschiedliche Versuche zu sehen, die Grunderfahrung zu deuten, in Worte zu fassen und sie sich ins Gedächtnis zurückzurufen. Wenden wir uns nun einer Reihe von Berichten zu, in denen die Vorstellung einer Grenze oder Scheidelinie deutlich zum Ausdruck kommt:

1. «Ich ‹starb› durch einen Herzstillstand. Als ich im Sterben lag, fand ich mich auf einmal in einem wogenden Kornfeld wieder. Es war wunderschön, alles war leuchtend grün – von einer Farbe, wie es sie hier auf Erden nicht gibt. Vor mir auf dem Feld erblickte ich einen Zaun und schickte mich an, auf ihn zuzugehen. Da sah ich einen Mann sich von der anderen Seite her ebenfalls dem Zaun nähern, als ob er mir entgegenkäme. Ich wollte zu ihm hingehen, doch merkte ich auf einmal, wie ich unaufhaltsam zurückgezogen wurde. Gleichzeitig mit mir sah ich auch ihn umkehren und sich vom Zaun weg in die andere Richtung bewegen.»

2. «Das folgende Erlebnis hatte ich während der Geburt meines ersten Kindes. Als der Arzt etwa im achten Schwangerschaftsmonat Vergiftungserscheinungen bei mir feststellte, schickte er mich ins Krankenhaus, damit die Wehen einge-

leitet werden konnten. Unmittelbar nach der Entbindung erlitt ich eine schwere Blutung, die nur mit Mühe unter Kontrolle gebracht werden konnte. Da ich früher selbst Krankenschwester gewesen war, wußte ich, was vorging und wie gefährlich die Situation war. Auf einmal verlor ich das Bewußtsein und hörte ein widerwärtiges, dröhnendes Geräusch, eine Art Läuten. Als ich wieder zu mir kam, war ich anscheinend auf einem Schiff, das ein großes Gewässer überquerte. Am anderen Ufer entdeckte ich alle mir nahestehenden Menschen, die bereits gestorben waren – meine Mutter, meinen Vater, meine Schwester und andere. Ich konnte sie genau sehen, konnte ihre Gesichter erkennen, die dieselben waren wie zur Zeit, als sie auf Erden gelebt hatten. Sie winkten mir zu, anscheinend um mich zu sich zu rufen, während ich nur immer wiederholte: ‹Nein, nein, ich bin noch nicht bereit, zu euch zu kommen. Ich will nicht sterben. Ich bin noch nicht bereit, zu sterben.›

Das war wirklich ein höchst seltsames Erlebnis, denn die ganze Zeit über sah ich zugleich auch die Ärzte und Schwestern, die sich um meinen Körper bemühten. Es schien, als wäre ich gar nicht der Mensch – jener Körper –, um den sie herumstanden, sondern ein Zuschauer. Ich ließ nichts unversucht, um meinem Arzt begreiflich zu machen: ‹Ich werde nicht sterben›, aber niemand konnte mich hören. Die Ärzte, die Schwestern, der Entbindungsraum, das Schiff, das Wasser und das andere Ufer – alles zusammen bildete ein großes Ganzes. Ich sah alles zugleich, so als ob die beiden Szenen einander genau überlagerten.

Schließlich hatte das Schiff das andere Ufer fast erreicht. Unmittelbar davor drehte es jedoch ab und fuhr zurück. Endlich konnte ich mich auch dem Arzt wieder verständlich machen, und ich sagte zu ihm: ‹Ich werde nicht sterben.› In diesem Augenblick muß ich wieder zu mir gekommen sein. Der Arzt erklärte mir, was geschehen war: Ich hätte eine Nachgeburtsblutung gehabt und um ein Haar wäre es mit mir aus gewesen, doch jetzt sei ich über den Berg.»

3. «Ich war wegen einer schweren Nierenerkrankung ins Krankenhaus eingewiesen worden und lag etwa eine Woche im Koma. Bei meinen Ärzten bestand äußerste Ungewißheit darüber, ob ich überleben würde. Während dieser Zeit, als ich nicht bei Bewußtsein war, hatte ich einmal das Gefühl, in die Höhe gehoben zu werden – als ob ich überhaupt keinen Körper hätte. Ein leuchtendweißes Licht erschien vor mir. Es war so hell, daß ich nicht hindurchsehen konnte, aber allein sich in seiner Nähe aufzuhalten, war wunderbar beruhigend. Auf Erden gibt es nichts, was dem vergleichbar wäre. Während das Licht zugegen war, erreichten mich die Gedanken oder Worte: ‹Willst du sterben?› Ich wüßte es nicht, antwortete ich, da ich den Tod nicht kannte. Darauf erklärte das Licht: ‹Komm über diese Linie und du wirst es erfahren.› Obwohl ich sie nicht wirklich sehen konnte, hatte ich doch das Gefühl, zu wissen, wo die Linie verlief. Als ich sie überschritten hatte, ergriff ein unvorstellbar wohltuendes Gefühl der Ruhe und des Friedens von mir Besitz. Alle Sorgen waren vergangen.»

4. «Nach einem Herzanfall fand ich mich auf einmal in einer schwarzen Leere wieder und wußte, daß ich meinen physischen Körper hinter mir zurückgelassen hatte und starb. ‹Herr, ich habe immer nach bestem Wissen und Gewissen gehandelt, bitte hilf mir›, durchfuhr es mich. Im selben Augenblick wurde ich aus der Finsternis herausgehoben. Kurze Zeit war alles blaßgrau um mich herum, und dann schwebte oder glitt ich eilends weiter, auf den grauen Nebel zu, den ich weit in der Ferne vor mir sah. Mir war, als könnte ich gar nicht

so rasend schnell dort hinkommen, wie ich eigentlich gerne gewollt hätte. Als ich mich ihm immer mehr näherte, konnte ich schließlich durch den Nebel hindurchsehen: jenseits davon erblickte ich Menschen, in der gleichen Gestalt wie auf der Erde, und auch etwas, was man für Gebäude halten konnte. Alles war in ein prächtiges Licht getaucht, in ein volles, tiefgoldenes Glühen, das gedämpft war und ganz anders als der harte Goldton hier auf der Erde.

Als ich dichter herankam, war ich mir ganz sicher, daß ich diesen Nebel jetzt durchqueren würde. Ein herrliches, freudiges Gefühl erfüllte mich, ein Gefühl, das man mit den Worten unserer menschlichen Sprache nicht wiedergeben kann. Doch war die Zeit, diesen Nebel zu durchschreiten, für mich noch nicht gekommen. Von der anderen Seite her sah ich meinen Onkel Carl auf mich zukommen, der schon vor vielen Jahren gestorben war. Er stellte sich mir in den Weg. ‹Kehre zurück›, befahl er mir. ‹Deine Arbeit auf Erden ist noch nicht getan. Kehre dorthin zurück.› Ich wollte nicht umkehren; dennoch konnte ich nichts anderes tun. Noch im selben Augenblick fand ich mich in meinem Körper wieder. Ich fühlte den quälenden Schmerz in meiner Brust und hörte meinen kleinen Jungen flehen: ‹Lieber Gott, bring mir meine Mami zurück!›»

5. «Meines kritischen Zustandes wegen wurde ich ins Krankenhaus gebracht. Es hieß, ich hätte eine ‹Entzündung›, und der Arzt meinte, daß ich wohl nicht durchkommen würde. Er ließ meine Angehörigen ins Krankenhaus rufen, da ich nicht mehr lange zu leben hätte. Sie versammelten sich also um mein Bett – und während der Arzt erwartete, daß ich bald sterben würde, schien es mir eher so, als ob meine Verwandten immer weiter zurückwichen. Für mich sah es eher danach aus, daß sie zurückträten, als daß ich selbst mich von ihnen entfernte. Ich sah sie immer verschwommener, konnte sie

aber noch erkennen. Dann verlor ich das Bewußtsein und registrierte nicht mehr, was im Krankenzimmer weiter vor sich ging, sondern befand mich plötzlich in einem engen, V-förmigen Durchgang, einer Art Rinne etwa von der Breite dieses Stuhls, durch die ich mit dem Kopf voran hinabglitt. Mein Körper schien genau hineinzupassen. Hände und Arme hatte ich seitlich angelegt. Es war stockfinster da drinnen. Als ich danach wieder um mich blickte, stand ich auf einmal vor einer schönen, polierten Tür ohne Knauf, durch deren Ritzen strahlendhelles Licht herausquoll. Es funkelte so wunderschön, daß mir schien, drinnen müßten alle fröhlich und guter Dinge sein. Es schien so geschäftig zuzugehen hinter dieser Tür; jedermann mußte wohl munter und auf den Beinen sein. Ich schaute um mich und sagte: ‹Hier bin ich, Herr. Nimm mich auf, wenn du willst.› Junge, Junge, da schoß er mich so schnell zurück, daß mir doch fast der Atem weggeblieben wäre.»

Die Umkehr

Alle die Menschen, mit denen ich gesprochen habe, mußten natürlich irgendwann im Laufe ihres Erlebnisses wieder «umkehren». Ihre Einstellung zum Tod hatte sich jedoch in der Zwischenzeit durchweg in überraschender Weise verändert. Wie wir gehört haben, sind die Betroffenen in den ersten Augenblicken nach ihrem «Tod» zumeist von dem verzweifelten Verlangen, in ihren stofflichen Körper zurückzukehren, und von Trauer über das eigene Hinscheiden erfüllt. Sobald die Sterbenden nun aber in ihrem Erlebnis bis zu einer gewissen Tiefe vorgedrungen sind, liegt ihnen nicht mehr an der Rückkehr, ja sie scheinen sich sogar dagegen zu sträuben, ihre körperliche Existenz wieder aufzunehmen. Insbesondere gilt das für diejenigen, die schon so weit gekommen waren, daß sie dem Lichtwesen begegneten. Wie ein Mann es überschwenglich formulierte: «Die Nähe dieses Wesens wollte ich *nie mehr* verlassen!»

Ausnahmen von dieser Regel sind es oft nur dem Anschein nach, nicht aber in Wirklichkeit. Von mehreren Frauen, die zur Zeit ihres Erlebnisses kleine Kinder hatten, wurde mir berichtet, daß sie zwar *persönlich* viel lieber dort geblieben wären, wo sie diese Erfahrung machten; sie spürten jedoch die Verpflichtung, zurückzukommen und ihre Kinder großzuziehen.

«Ich überlegte mir schon, ob ich nicht dortbleiben sollte – doch dann sah ich auf einmal meine Familie, meine drei Kinder und meinen Mann, vor mir. Was jetzt kommt, ist nicht so leicht zu erklären: Als ich dieses Wohlgefühl spürte, da in der Gegenwart des Lichtes, da wollte ich tatsächlich nicht mehr zurück. Die Verantwortung meiner Familie gegenüber nehme ich jedoch sehr ernst, und auch in jenem Augenblick war ich mir meiner Pflicht wohl bewußt. So nahm ich mir denn auch vor, wieder zurückzukommen.»

Verschiedene andere haben mir berichtet, daß sie zwar ihren ungewohnten körperlosen Zustand als ausgesprochen wohltuend empfunden, sich darin sicher und geborgen gefühlt hätten, aber dennoch froh gewesen seien, in ihre physische Existenz zurückkehren zu können, da sie dort noch wesentliche Aufgaben zu vollenden hatten. In einigen Fällen äußerte sich dies in dem Wunsch, eine angefangene Ausbildung abzuschließen.

«Drei Jahre im College hatte ich schon hinter mir; jetzt kam nur noch ein weiteres Jahr. Deswegen sagte ich mir immer wieder: ‹Ich will jetzt noch nicht sterben!› Wenn das alles jedoch nur noch ein paar Minuten länger gedauert und ich mich nur noch eine kleine Weile in der Nähe dieses Lichts aufgehalten hätte – dann wäre ich ganz in dem aufgegangen, was ich im Augenblick erlebte. Dann hätte ich wahrscheinlich überhaupt nicht mehr an mein Studium gedacht.»

Im Hinblick auf die Frage, wie die Rückkehr ins physische Leben vor sich ging und aus welchem Grund es dazu kam, bieten die von mir gesammelten Zeugnisse ein außerordentlich uneinheitliches Bild. Die meisten Beteiligten sagen darüber nichts weiter aus, als daß sie nicht wüßten, wie und warum sie zurückgekehrt seien, daß sie allenfalls Vermutungen anstellen könnten. Einige wenige sind sich sicher, daß ihr eigener Entschluß, in ihren Körper und ins irdische Dasein zurückzukehren, dabei den Ausschlag gegeben habe.

«Als ich mich aus meinem Körper gelöst hatte, war ich mir darüber im klaren, daß ich mich jetzt zu entscheiden hatte. Ich wußte, daß ich nicht sehr lange außerhalb meines physischen Körpers bleiben konnte; also – für andere ist das natürlich schwer zu verstehen, aber mir war es in jenem Moment vollkommen einsichtig – also ich mußte mich jetzt entschließen, ob ich mich noch weiter von ihm entfernen oder aber in ihn zurückkehren sollte.

Es war wunderschön dort drüben auf der anderen Seite, und eigentlich wäre ich gerne dortgeblieben. Aber zu wissen, daß ich auf Erden eine lohnende Aufgabe hatte, war in gewisser Weise genauso schön. Deshalb kam ich zu dem Schluß: ‹Ja, ich kehre zurück und lebe› und ging zurück in meinen Körper. Fast kam es mir so vor, als ob ich selbst die Blutung zum Stillstand gebracht hätte. Jedenfalls besserte sich mein Zustand von da an fortschreitend.»

Andere wiederum glauben, die Erlaubnis zum Weiterleben sei ihnen in der Tat von «Gott» oder dem Lichtwesen erteilt worden: entweder weil sie selbst (zumeist in uneigennütziger Weise) darum gebeten oder weil Gott oder das Wesen sie für die Erfüllung eines besonderen Auftrages ausersehen hätten.

«Über dem Tisch schwebend, konnte ich alles mitansehen, was im Raum geschah. Ich wußte, daß es jetzt mit mir zu Ende ging, daß ich starb. Ich machte mir Sorgen um meine Kinder und darum, wer sich jetzt um sie kümmern würde. Deshalb war ich noch nicht wirklich bereit, zu sterben. Der Herr erlaubte mir, weiterzuleben.»

Ein Mann ruft sich ins Gedächtnis zurück:

«Gott hat es wirklich gut mit mir gemeint! Ich war schon tot, aber er ließ die Ärzte mich zurückholen, weil er einen Plan mit mir hatte. Ich glaube, daß er meiner Frau helfen wollte. Sie trank, und wie sie allein je hätte zurechtkommen sollen, kann ich mir wirklich nicht vorstellen. Aber jetzt geht es ihr besser. Ich glaube fest, daß das, was mit mir geschehen ist, viel damit zu tun hat.»

Eine junge Mutter: «Aus welchem Grund der Herr mich zurückgesandt hat, weiß ich nicht. Als ich dort war, fühlte ich deutlich Seine Gegenwart und spürte, daß Er mich erkannte und wußte, wer ich bin. Und doch sah Er die Zeit noch nicht für gekommen an, mich in den Himmel einzulassen; aber warum, weiß ich nicht. Ich habe seither oft darüber nachgedacht, und mir scheint, es war, weil ich zwei kleine Kinder zu versorgen habe, oder aber, weil ich persönlich einfach noch nicht so weit war, daß ich hätte dortbleiben können. Ich kann es mir nicht erklären und suche noch immer nach einer Antwort.»

In einigen wenigen Fällen haben Betroffene die Ansicht vorgebracht, sie seien unabhängig von ihren eigenen Wünschen durch die Liebe und die Gebete anderer aus dem Tod zurückgeholt worden.

«Während ihrer letzten Krankheit, die sich sehr lange hinzog, war ich bei meiner älteren Tante und half bei ihrer Pflege. Alle in der Familie beteten dafür, daß sie wieder gesund werden möge. Ihre Atmung setzte mehrmals aus, doch wurde sie immer wieder zurückgeholt. Eines Tages schließlich schlug sie die Augen auf und sagte zu mir: ‹Joan, ich bin drüben gewesen, drüben im Jenseits. Es ist wunderschön dort. Ich will gerne dortbleiben, aber solange ihr darum bittet, daß ich hier weiter mit euch lebe, kann ich es nicht. Eure Gebete halten mich hier fest. Bitte, betet nicht mehr.› Wir ließen alle davon ab, und kurz danach starb sie.»

Eine Frau erzählte mir: «Obwohl der Arzt bereits meinen Tod festgestellt hatte, lebte ich weiter. Das Erlebnis, durch das ich dabei gegangen war, war so freudvoll, daß ich keinerlei unangenehme Gefühle zurückbehielt. Als ich ‹zurückkam› und die Augen öffnete, sah ich meine Schwester und meinen Mann vor mir, denen die Erleichterung im Gesicht geschrieben stand. Tränen strömten ihnen die Wangen herab; ich konnte erkennen, wie grenzenlos erleichtert sie waren, daß ich nun doch am Leben geblieben war. Ganz deutlich hatte ich das Gefühl, daß die Liebe meiner Schwester und meines Mannes mich zurückgerufen, ja mich mit magnetischer Kraft zurückgezogen hatte. Seit damals glaube ich, daß andere Menschen einen zurückholen können.»

In einer ganzen Reihe von Fällen lebt in den Betroffenen noch die Erinnerung daran, rasch durch den dunklen Tunnel zurückgezogen worden zu sein, den sie zu Beginn ihres Erlebnisses durchquert hatten.

So berichtet etwa ein Mann, der «tot» gewesen war, er sei durch ein dunkles Tal getrieben worden. Er hätte sich schon am Ausgang des Tunnels geglaubt, als er auf einmal seinen Namen rufen hörte und in entgegengesetzter Richtung durch denselben dunklen Raum wieder zurückgezogen worden sei.

Nur sehr wenige erleben den eigentlichen Wiedereintritt in ihren Körper bewußt mit. Die meisten geben an, sie hätten gegen Ende ihres Erlebnisses den Eindruck gehabt, einfach «einzuschlafen» oder das Bewußtsein zu verlieren, um dann später in ihrem stofflichen Körper zu erwachen.

«Ich weiß nicht mehr, wie ich in meinen Körper zurückgelangt bin. Mir war, als ob ich mit einemmal hinweggetrieben würde und einschliefe – und dann beim Erwachen fand ich mich plötzlich im Bett wieder. Die anderen waren jedoch noch an den gleichen Plätzen wie zuvor, als ich mich außerhalb meines Körpers befunden und ihn und die Anwesenden beobachtet hatte.»

Andere dagegen entsinnen sich, gegen Ende ihres Erlebnisses sehr schnell, oftmals sogar mit einem Ruck, zu ihrem physischen Körper zurückgezogen worden zu sein. «Unter der Decke schwebend, sah ich zu, wie sie mich wiederbelebten. Als sie mir die Elektroden auf die Brust setzten und mein Körper sich aufbäumte, stürzte ich jählings wie ein Stein zu ihm hinunter. Das nächste, woran ich mich erinnere, ist, daß ich dann in meinem Körper erwachte.»

Und: «Ich beschloß, zurückzukehren, und noch im selben Augenblick war mir, als ob ich mit einem Satz, mit einem gewaltigen Satz, in meinen Körper zurückkehrte. In jenem Augenblick, so fühlte ich, kam ich wieder herüber ins Leben.»

In den vereinzelten Zeugnissen, in denen der Wiedereintritt in den Körper etwas ausführlicher dargestellt wird, heißt es, er vollzöge sich «durch den Kopf». «Mein ‹Ich› besaß offenbar ein größeres und ein kleineres Ende. Nach meinem Unfall, nachdem es oben über meinem Kopf geschwebt hatte, kehrte es schließlich wieder in meinen Körper zurück. Während es mir zuvor bei seinem Austritt so vorgekommen war, als löste sich das größere Ende zuerst, hatte ich nun das Gefühl, daß es mit dem kleineren Ende voran wieder eintrat.»

Ein anderer erzählte: «Während ich beobachtete, wie sie meinen Körper hinter dem Lenkrad hervorklaubten, war mir auf einmal, als würde ich von einem Wirbel erfaßt und durch einen eingegrenzten, vollkommen finsteren Raum gezogen, eine Art Trichter, wie mir schien. Der Sog, der mich auf dem Weg zurück in meinen Körper so rasch durch diesen Raum zog, schien von meinem Kopf auszugehen, durch den ich offenbar wieder eintreten sollte. Das Ganze ging so rasch, daß mir keine Zeit zu überlegen blieb, geschweige denn, selbst zu entscheiden. Im einen Augenblick schwebte ich noch da, einige Meter von meinem Körper entfernt, und im nächsten war es auch schon vorbei. Ich konnte noch nicht einmal denken: ‹Jetzt werde ich wieder in meinen Körper hineingesogen.›»

Die mit dem Erlebnis einhergehenden Stimmungen und Gefühle halten sich in der Regel noch einige Zeit nach Überwindung der medizinischen Krise.

1. «In der ersten Woche nach meiner Rückkehr weinte ich noch gelegentlich, weil ich nun jene Welt erblickt hatte, aber in dieser leben mußte. Ich wäre lieber nicht zurückgekommen.»

2. «Ich brachte etwas von den herrlichen Gefühlen mit zurück, die mich dort erfüllt hatten. Sie hielten noch mehrere Tage an. Ab und zu spüre ich sie immer noch.»

3. «Dieses Gefühl damals war nicht in Worte zu fassen. In gewisser Weise habe ich es mir bewahrt. Ich habe es nie vergessen; immer wieder denke ich daran.»

Mitteilungsversuche

In diesem Zusammenhang ist zu betonen, daß diejenigen, die durch ein Erlebnis dieser Art gegangen sind, seine Realität und seine Bedeutsamkeit nicht im mindesten bezweifeln. In den Gesprächen, die ich mit ihnen geführt habe, fielen immer wieder entsprechende Äußerungen. Hier ein Beispiel: «Als ich mich außerhalb meines Körpers befand, war ich aufs äußerste verblüfft darüber, was mit mir geschah. Ich konnte es mir überhaupt nicht erklären. Dennoch war es Wirklichkeit. Ich sah meinen Körper deutlich und aus der Entfernung. Ich war nicht in der Stimmung, in der man sich so etwas ausdenkt oder es sich herbeiwünscht. Es war keine Halluzination. Ich war gewiß nicht in einer derartigen Geistesverfassung.» Und: «Es war alles andere als eine Halluzination. Einmal, als ich im Krankenhaus Kodein bekam, habe ich Halluzinationen gehabt. Aber das war lange vor dem Unfall, bei dem ich wirklich ums Leben kam. Dieses Erlebnis war etwas ganz anderes als die Halluzinationen, etwas vollkommen anderes.»

Solche Feststellungen stammen von Menschen, die sehr wohl fähig sind, Traum und Einbildung von der Wirklichkeit zu unterscheiden. Die Menschen, mit denen ich gesprochen habe, sind lebenstüchtige, ausgeglichene Persönlichkeiten. Über ihre Erfahrung äußern sie sich nicht in der Art, in der man Träume erzählt, sondern sie stellen sie als reales Geschehen dar, das ihnen tatsächlich widerfahren ist.

Obwohl sie selbst von der Realität und Bedeutung des Erlebten durchdrungen sind, geben sie sich doch keiner Täuschung darüber hin, daß die heutige Welt nicht der Ort ist, an dem Berichte dieser Art mit Wohlwollen und Verständnis aufgenommen würden. In der Tat habe ich von vielen erfah-

92

ren, sie hätten von vornherein damit gerechnet, für geistig labil gehalten zu werden, falls sie sich offen über ihr Sterbeerlebnis äußerten. Deshalb hätten sie es vorgezogen, entweder völliges Stillschweigen zu bewahren oder sich höchstens einem der nächsten Angehörigen anzuvertrauen.

«Es war ein höchst aufschlußreiches Erlebnis. Trotzdem habe ich Hemmungen, anderen davon zu erzählen. Sie schauen einen an, als ob man übergeschnappt wäre.» Aus der Sicht eines anderen: «Lange Zeit habe ich niemand davon erzählt und es einfach ganz für mich behalten. Ich hatte ein ungutes Gefühl dabei. Wahrscheinlich würde ja doch keiner glauben, daß ich die Wahrheit sagte. Ich hatte Angst, daß es bloß hieße: ‹Ach, das ist doch alles erfunden.›

Eines Tages dachte ich aber doch ‹Ich will mal sehen, wie meine Familie darauf reagiert› und erzählte es ihnen. Sonst habe ich aber bis heute mit keinem darüber gesprochen. Ich glaube jedoch, daß meine Familie schon verstanden hat, daß ich so weit fort gewesen bin.»

Andere hatten zunächst versucht, mit den Menschen ihrer Umgebung darüber zu sprechen. Als sie jedoch nur auf Ablehnung stießen, verlegten auch sie sich aufs Schweigen.

«Meine Mutter ist der einzige Mensch, dem ich je von meinem Erlebnis zu erzählen versuchte. Kurz danach erwähnte ich ihr gegenüber, was ich erlebt hatte. Aber ich war ja noch ein kleiner Junge und sie nahm mich überhaupt nicht ernst. Deswegen habe ich es dann nie mehr jemand anderem erzählt.»

«Ich versuchte, mit meinem Pfarrer darüber zu sprechen, aber er erklärte mir, ich hätte Halluzinationen gehabt. Da hielt ich dann lieber den Mund.»

«In der High School war ich ziemlich beliebt, ging immer brav mit der Masse und tanzte nie aus der Reihe. Ich gehörte zur Herde, nicht zu den Führenden. Nachdem ich dann das erlebt hatte und mit den anderen darüber reden wollte, wurde ich automatisch als Verrückte hingestellt. Wenn ich versuchte, ihnen davon zu erzählen, hörten sie auch interessiert zu, aber später kam mir dann doch zu Ohren, daß es überall hieß: ‹Die hat sie wohl nicht mehr alle.› Als ich merkte, daß das Ganze nur als Witz aufgefaßt wurde, gab ich es schließlich auf, überhaupt davon zu reden. Dabei hatte ich jedoch gar nicht versucht, den Eindruck zu erwecken: ‹Seht mal alle her, was für eine tolle Sache mir da passiert ist.› Ich hatte vielmehr andeuten wollen, daß es über das Leben doch noch viel mehr zu lernen gab, als ich es mir je hätte träumen lassen. Ich glaubte, daß es den anderen genauso ginge.»

«Nachdem ich wieder aufgewacht war, wollte ich den Krankenschwestern erzählen, was geschehen war, aber sie rieten mir, lieber nicht darüber zu reden, ich hätte bloß phantasiert.»

So gelangen die Betroffenen allmählich zu dem Schluß, den einer von ihnen in die Worte faßt: «Man erfährt sehr rasch, daß die Menschen das nicht so leicht annehmen, wie man es ihnen wünschte. Andererseits stellt man sich jedoch auch nicht einfach hin und verkündet an jeder Straßenecke, was man gesehen hat.»

Es ist erstaunlich, daß in sämtlichen von mir untersuchten Fällen nur ein einziger Mediziner Vertrautheit mit dem Erlebnis der Todesnähe bekundet oder eine positive Haltung dazu eingenommen hat. Ein Mädchen, das den Zustand der Körperlosigkeit erfahren hatte, berichtete mir: «Meine Familienangehörigen und ich fragten den Arzt, was mit mir geschehen sei. Er gab uns zur Antwort, daß das bei schweren Schmerzen oder Verletzungen oft vorkäme – daß dann die Seele den Körper verließe.»

Wenn man bedenkt, daß die Versuche, über ein Erlebnis der Todesnähe zu sprechen, durchweg auf Skepsis und Unverständnis stoßen, nimmt es nicht mehr wunder, daß jeder der Betreffenden mit der Zeit zu der Überzeugung kommt, er stünde ganz allein mit einem Erlebnis, das außer ihm noch nie jemand gehabt hätte. So sagte mir zum Beispiel ein Mann: «Ich bin an einem Ort gewesen, an dem noch nie jemand war.»

Wenn ich die Menschen jeweils nach allen Einzelheiten ihres Erlebnisses befragt hatte und dann erklärte, andere hätten mir von genau den gleichen Geschehnissen und Wahrnehmungen berichtet, dann zeigten sie sich oftmals außerordentlich erleichtert. «Das ist ja kaum zu glauben, daß ich auf einmal erfahre, daß andere das gleiche erlebt haben – wo ich doch nie etwas davon gehört habe ... Ich bin so froh, zu wissen, daß ich nicht der einzige bin, der dieses Erlebnis hinter sich hat. Da *weiß* ich doch wenigstens, daß ich nicht verrückt bin.

Es war für mich immer eine lebendige Erfahrung. Ich habe jedoch nie jemandem davon erzählt, weil ich Angst hatte, die anderen würden doch nur denken: ‹Dir ist wohl gleich noch der Verstand abhanden gekommen, als dir das Herz stehenblieb!›

Ich habe immer geglaubt, daß auch andere das erlebt haben müßten, daß ich aber wahrscheinlich nie jemanden kennenlernen würde, der davon gehört hätte. Ich glaube kaum, daß man mit anderen über dieses Erlebnis spricht. Wenn früher, bevor ich dort war, einer zu mir gekommen wäre und mir davon erzählt hätte – dann hätte ich ihn doch wahrscheinlich auch nur angeschaut und mich gefragt, was für einen Bären er mir da eigentlich aufbinden wolle. So sieht man das doch in unserer Gesellschaft.»

Für die Scheu der Menschen, anderen das Erlebte mitzuteilen, gibt es noch einen anderen Grund. Sie empfinden ihr Erlebnis als so schwer in Worte zu kleiden, als so weit jenseits der menschlichen Sprache, der menschlichen Wahrnehmungs- und Daseinsformen liegend, daß jeder Versuch, darüber zu sprechen, von vornherein zum Scheitern verurteilt ist.

Folgen im Leben

Aus den Gründen, die ich eben genannt habe, hat sich meines Wissens kein einziger ein tragbares Rednerpult gezimmert und ist in die Welt hinausgezogen, um als Fulltime-Prophet seiner persönlichen Todeserfahrung die Leute zu missionieren. Kein einziger hat es für richtig gehalten, Proselyten machen zu wollen, andere von der Wahrheit dessen überzeugen zu wollen, was er persönlich erfahren hatte. Im Gegenteil! Ich hatte eher mit der Schwierigkeit zu kämpfen, daß diese Menschen durchweg sehr verschlossen sind, wenn sie anderen erzählen sollen, was sie erlebt haben.

Die Folgen, die ihre Erfahrung für ihr Leben gehabt hat, scheinen verborgener, undramatischer zu sein. Viele haben mir gesagt, sie hätten ihr Leben als erweitert und vertieft empfunden durch ihre Erfahrung, sie wären hinterher nachdenklicher geworden und hätten sich mehr mit den großen philosophischen Fragen beschäftigt.

«Bis zu der Zeit – das war, bevor ich wegzog aufs College – hatte ich immer nur in einem winzigen Städtchen gelebt, wo die Leute doch sehr engstirnig waren, jedenfalls die, mit denen ich Umgang hatte. Ich war so ein typischer Schul-Cliquen-Heini. Wer nicht zu meiner Clique gehörte, mit dem war gar nichts los.

Aber als mir diese Sache passiert war, bekam ich einen richtigen Wissensdurst. Damals wußte ich aber noch nicht, daß es jemand gab, der sich in so etwas auskannte, ich war ja noch nie außerhalb dieser kleinen Welt gewesen, in der ich lebte. Von Psychologie und dergleichen verstand ich gar nichts. Aber eines war mir klar: ich hatte das Gefühl, über Nacht älter geworden zu sein nach dieser Sache, denn dadurch ging mir eine ganz neue Welt auf, die ich vorher nicht einmal für möglich gehalten hatte. Ich mußte immer denken: ‹Es gibt so viele Dinge, die ich wissen will!› Oder anders gesagt: Es gibt noch mehr Dinge im Leben als nur das Kino am Freitagabend und Fußball. Und dann dachte ich nach über solche Fragen wie: ‹Wo endet der Mensch und wo sein Geist?› Es hat mir richtig die Augen geöffnet für eine ganz neue Welt.»

Eine weitere Stimme: «Seit damals geht es mir ständig durch den Kopf, was ich mit meinem Leben angefangen habe und was ich aus meinem Leben machen soll. Mit meinem Leben früher bin ich zufrieden. Ich meine nicht, daß mir die Welt etwas schuldig ist, weil ich ja alles, wozu ich Lust hatte, auch tun konnte und auch nach Wunsch getan habe und noch am Leben bin und mir noch einiges gönnen kann. Aber seit ich gestorben war, ganz plötzlich nach dieser Erfahrung, die ich da hatte, fing ich an, mich zu fragen, ob ich das, was ich getan habe, eigentlich getan habe, weil es an und für sich gut war, oder nur weil es für *mich* gut war. Früher, da habe ich nur meinen Impulsen nachgegeben, heute muß ich erst mal alles schön langsam durchdenken. Alles muß vorher von meinem Geist erfaßt und verdaut werden heute.

Ich bemühe mich neuerdings, Dinge zu tun, die mehr Sinn haben. Und das bekommt meinem Geist und meiner Seele viel besser. Ich fühle mich wohler. Ich versuche, keine Vorurteile mehr zu haben und die Menschen nicht mehr durch die Schwarzweißbrille zu sehen. Ich will jetzt etwas tun, weil es etwas Gutes ist, und nicht mehr, weil es etwas für mich Gutes ist. Und es scheint so, als ob ich die Dinge heute doch viel klarer sehe. Ich denke, das kommt von dem, was mir passiert ist, davon, wo ich gewesen bin und was ich gesehen habe in dieser Erfahrung.»

Andere berichten, ihre Haltung oder Einstellung gegenüber dem Körperdasein, in welches sie zurückgekehrt sind, habe sich gewandelt. Eine Frau sagte zum Beispiel ganz schlicht: «Dadurch ist mir das Leben etwas sehr viel Kostbareres geworden.»

In einem anderen Fall wurde gesagt: «Irgendwie war es ein Segen, denn vor dem Infarkt habe ich mir immer nur Sorgen wegen der Zukunft meiner Kinder gemacht und immer nur Vorwürfe wegen der Vergangenheit und habe darüber das Heute und seine schönen Seiten ganz aus dem Auge verloren. Aber jetzt ist meine Einstellung ganz anders.»

Einige sprachen davon, daß diese Erfahrung etwas verändert habe in ihrer Vorstellung von Geist und von der Wertabstufung zwischen Geist und Körper. Dies kommt besonders gut zum Ausdruck in den folgenden Worten einer Frau, die ein Ausleibigkeitserlebnis gehabt hatte, während sie dem Tod ganz nahe war: «In dem Augenblick war das Bewußtsein von meinem Geist größer als das von meinem Körper. Der Geist war das Wichtigste und nicht das Aussehen des Körpers. Vorher war es in meinem ganzen Leben immer genau umgekehrt gewesen. Ich hatte mich fast nur für den Körper interessiert, was mit meinem Geist passierte – nun ja, das passierte eben nun mal. Aber nach diesem Erlebnis wurde der Geist für mich das Interessantere, der Körper kam erst an zweiter Stelle – er war nur ein Ding, das meinen Geist umschlossen hielt.

Mir lag nichts daran, ob ich nun einen Körper hatte oder keinen. Das war nicht wichtig, denn das Wichtigste von allem, woran mir etwas lag, war nun mein Geist.»

In vereinzelten Fällen hörte ich von den Gewährspersonen, sie hätten nach ihrem Todeserlebnis seherische Fähigkeiten entwickelt oder bei sich entdeckt, die ans Hellsehen grenzen.

«Nach diesem Sterbeerlebnis schien es fast, als wäre ich von einem neuen Geist erfüllt. Seit damals haben mir viele gesagt, ich scheine auf sie eine beruhigende Wirkung auszustrahlen, wenn sie in Schwierigkeiten stecken, und zwar auf der Stelle. Und es scheint, als lebte ich heute mehr im Einklang mit den anderen, als könnte ich schneller erfassen, wie es um sie steht.»

«Ich glaube, eine Sache ist mir mit meinem Todeserlebnis zuteil geworden: Ich kann erspüren, woran es im Leben anderer Menschen fehlt. Wenn ich zum Beispiel mit irgendwelchen anderen den Fahrstuhl benutze in dem Bürohochhaus, wo ich arbeite, dann ist mir, als könne ich in ihren Gesichtern lesen und begreifen, daß sie Hilfe brauchen und was für welche. Häufig spreche ich dann die Menschen, die solche Probleme haben, an und bitte sie in mein Zimmer zu einer Aussprache.»

«Seit meinem Unfall habe ich das Gefühl, daß ich die Gedanken und Ausstrahlungen der anderen aufnehme, und ich kann die Ablehnung fühlen, mit der mir manche begegnen. Ich konnte oftmals erfassen, was die anderen sagen wollten, noch ehe sie es gesagt hatten. Glauben wird mir das ja kaum jemand, aber ich habe seit damals einige wirklich sehr, sehr seltsame Erlebnisse gehabt. Einmal war ich auf einer Party und beschäftigte mich mit Gedankenlesen. Da sind einige Gäste, die mich aber nicht gekannt haben, aufgestanden und weggegangen. Sie hatten wohl Angst, ich sei eine

Hexe oder so. Ich weiß nicht, ob ich diese Fähigkeit erworben habe, während ich tot war, oder ob sie schon vorher in mir schlummerte und ich nie davon Gebrauch gemacht habe, bis nach meinem Unfall.»

Die (wenn man so sagen darf) «Lektionen», die haftengeblieben sind nach diesen unmittelbaren Begegnungen mit dem Tode, stimmen in einem Punkt ganz erstaunlich überein. Fast jeder Betroffene hat hervorgehoben, wie wichtig es für ihn in diesem Leben geworden sei, die Liebe zum anderen Menschen immer mehr vertiefen zu wollen, eine unvergleichlich intensive Art von Liebe. Ein Mann, der dem Lichtwesen begegnet ist, hatte sich dabei vollkommen geliebt und akzeptiert gefühlt, sogar als sein ganzes Leben vor dem Wesen in einem Gesamtbild ausgebreitet wurde. Er hatte gespürt, daß die «Frage», die das Wesen ihm stellte, darauf hinauslief, ob er andere in der gleichen Weise lieben könne. Heute hat er das Empfinden, seine Aufgabe auf Erden sei es, diese Art von Liebe zu erlernen.

Des weiteren haben viele andere betont, wie wichtig es für sie geworden sei, sich mehr Wissen anzueignen. Während ihres Todeserlebnisses wurde ihnen zu verstehen gegeben, daß der Erwerb von Wissen auch nach dem Leben weitergehe. Eine Frau hat zum Beispiel jede Bildungsmöglichkeit genutzt, die sich ihr nach ihrem Sterbeerlebnis bot. Oder: ein Mann empfiehlt: «Egal, wie alt man ist – nie aufhören mit Lernen! Denn das habe ich mitbekommen: Lernen ist ein Prozeß, der bis in alle Ewigkeit weitergeht.»

Keiner meiner Interviewpartner hat berichtet, er sei aus seinem Todeserlebnis mit dem Bewußtsein hervorgegangen, nun moralisch «geläutert» zu sein oder gar vollkommen. Keiner, mit dem ich gesprochen hatte, legte in irgendeiner Weise pharisäische Arroganz im Sinne von «ich bin gerechter denn du» an den Tag. Die meisten haben vielmehr besonders darauf hingewiesen, daß sie sich als immer weiter Strebende und Suchende empfinden. Ihre im Sterben empfangene Vision erfüllte sie mit neuen Zielen, mit neuen sittlichen Grundsätzen und mit einer erneuerten Entschlossenheit, sich nun auch in ihrem Leben danach zu richten, aber nicht mit dem Gefühl augenblicklicher Erlösung oder moralischer Unfehlbarkeit.

Neue Sicht des Todes

Natürlich liegt der Gedanke nahe, daß dieses Erlebnis starke Auswirkungen hat auf die Einstellung des Betreffenden zum körperlichen Tod, insbesondere bei denen, die vorher nicht geglaubt hatten, daß nach dem Tod noch irgend etwas passiere. In der einen oder anderen Form hat fast jede meiner Gewährspersonen zum Ausdruck gebracht, sie habe keine Angst mehr vor dem Tod. Allerdings bedarf dies einer Klarstellung. Erstens sind bestimmte Todesarten eindeutig unsympathisch, zweitens hat keiner der Befragten von sich aus den Tod gesucht. Sie haben alle das Gefühl, daß sie eine Aufgabe zu erfüllen haben, solange sie am Leben sind, und würden den Worten eines Mannes beipflichten, der zu mir gesagt hat: «Ich muß mich noch erheblich verändern, bevor ich hier weggehe.» Desgleichen würden alle den Selbstmord ablehnen als ein Mittel, durch das sie wieder zurückkehren könnten in die Sphären, die sie während ihrer Todeserfahrung geschaut haben. Es zeigt sich nur, daß sie heute den Zustand des Gestorbenseins an sich nicht mehr als schrecklich ansehen. Wir wollen uns einige Protokollpassagen ansehen, an denen diese Einstellung zur Sprache kommt.

«Ich finde, dieses Erlebnis hat etwas in meinem Leben umgeformt. Ich war noch ein Kind, als es passierte, erst zehn Jahre alt, und doch bin ich bis heute fest davon überzeugt geblieben, daß es ein Leben nach dem Tode gibt, ohne den Schatten eines Zweifels, und ich fürchte mich vor dem Sterben nicht. Wirklich nicht. Von einigen Menschen weiß ich, daß sie furchtbare Angst davor haben. Ich muß immer heimlich lächeln, wenn ich höre, wie die Leute daran zweifeln, ob es ein Weiterleben danach gibt, oder einfach behaupten: ‹Mit dem Tod ist alles aus.› Ich denke dann für mich: ‹Die haben ja keine Ahnung.›

Mir sind im Leben schon viele schlimme Dinge zugestoßen. Mich hat man schon im Geschäft mit der Pistole bedroht und sie mir an die Schläfe gedrückt. Und trotzdem hat mir das nicht sehr viel ausgemacht, weil ich wußte: ‹Nun gut, wenn ich jetzt sterben muß, wenn sie mich wirklich umlegen, dann weiß ich doch, daß ich irgendwo weiterleben werde.›»

«Als ich ein kleiner Junge war, grauste es mir vor dem Sterben. Ich wachte nachts häufig auf und schrie und tobte. Meine Mutter und mein Vater stürzten in mein Zimmer und fragten mich, was denn los sei. Ich sagte zu ihnen: ‹Ich will nicht sterben, aber ich weiß, daß ich sterben muß. Ihr solltet machen, daß das aufhört.› Meine Mutter sprach dann mit mir und sagte: ‹Nein, das können wir nicht, es muß wohl so sein, wie es ist, und wir müssen uns alle damit abfinden.› Sie sagte, daß wir es alle ganz allein vollbringen müßten und daß wir, wenn es soweit sei, unsere Sache auch gut machen würden. Und noch viele Jahre später, als meine Mutter längst gestorben war, sprach ich mit meiner Frau über den Tod. Ich hatte immer noch Angst davor. Ich wollte nicht, daß er zu mir komme.

Aber seit diesem Erlebnis fürchte ich mich nicht mehr vor

dem Tod. Derartige Gefühle sind verflogen. Beerdigungen sind mir nicht mehr zuwider. Ich fühle dabei sogar etwas wie Freude, weil ich weiß, was der Tote hinter sich gelassen hat.

Ich glaube, daß Gott mir dieses Erlebnis zugeteilt hat, weil ich mich so sehr vor dem Tode gefürchtet hatte. Freilich haben mich meine Eltern zu trösten versucht, aber Gott hat es mir *gezeigt*, was ja meine Eltern nicht tun konnten. Ich rede nicht viel über diese Dinge, aber ich weiß genug, und das macht mich ruhig und zufrieden.»

«Jetzt habe ich keine Angst mehr vor dem Sterben. Nicht, daß ich mich nach dem Tode sehnte oder am liebsten sofort sterben würde. Noch möchte ich nicht da drüben auf der anderen Seite leben, weil ich noch hier zu leben habe. Ich fürchte mich aber trotzdem nicht vor dem Sterben, weil ich ja weiß, wohin ich komme, wenn ich von hier fortgehe; denn ich bin ja zuvor dort gewesen.»

«Das Letzte, was das Licht zu mir sagte, bevor ich in meinen Körper zurückkehrte, in das Leben, war – also dem Sinne nach: er würde wiederkommen. Er sagte mir, ich solle diesmal noch weiter leben, es werde aber eine Zeit kommen, da er mir wieder nahe sein werde, und dann würde ich endgültig sterben.

Ich weiß also, daß das Licht wiederkehren wird und die Stimme, aber wann das sein wird, weiß ich nicht. Ich glaube, das Erlebnis wird sehr ähnlich sein, nur viel schöner noch, weil ich ja dann schon weiß, was mich erwartet, und nicht mehr so aufgeregt sein werde. Ich glaube aber nicht, daß ich schon in Bälde dahin zurückkehren möchte. Ich habe mir hier unten noch einiges vorgenommen.»

Alle diese Auszüge besagen, daß der Todesgedanke nunmehr seinen Schrecken verloren hat. Der Grund dafür ist die

Tatsache, daß nach dem Sterbeerlebnis die betreffende Person keinerlei Zweifel mehr hegt an ihrem Weiterleben nach dem leiblichen Tod. Sie weiß das nicht wie eine bloß abstrakte Möglichkeit, sondern als Tatsache auf Grund eigener Erfahrung.

Ich erinnere an die Analyse der «Auslöschungs-Vorstellung» weiter vorne, wo von Schlaf und Vergessen als Gleichnissen des Todes die Rede war. Menschen, die schon einmal «tot» gewesen sind, lehnen solche Denkmodelle ab und greifen zu Analogien, die den Tod schildern als Übergang von einem Zustand in einen anderen oder als das Aufsteigen auf eine höhere Ebene des Bewußtseins oder des Seins. Eine Frau, die von ihren verstorbenen Verwandten erwartet wurde, um sie im Tode willkommen zu heißen, verglich den Tod mit einer «Heimkehr». Andere haben ihn mit anderen angenehmen Gefühlszuständen verglichen, mit dem Aufwachen zum Beispiel oder mit dem Bestehen einer Prüfung oder mit der Flucht aus dem Gefängnis.

«Einige sagen, wir gebrauchen das Wort ‹Tod› nicht, weil wir ihm entgehen wollen. Aber in meinem Fall stimmt das nicht. Wenn man einmal den Tod erlebt hat, wie ich es getan habe, dann weiß man im Innersten: es gibt gar keinen Tod. Man geht nur weiter vom einen zum nächsten – wie man weitergeht von der Grundschule zur Oberschule zur Hochschule.»

«Das Leben ist wie eine Gefangenschaft. In diesem Zustand befangen, können wir einfach nicht begreifen, was für ein Gefängnis unser Körper ist. Der Tod ist eine große Befreiung – gleichsam ein Ausbruch aus dem Kerker. Das ist der beste Vergleich, der mir einfällt.»

Sogar diejenigen, die vorher traditionsgebundene Vorstellungen gehabt hatten von der Beschaffenheit der jenseitigen

Welt, scheinen davon bis zu einem gewissen Grade abgerückt zu sein im Anschluß an ihren Kontakt mit dem Tod. Nein, in keinem einzigen der von mir gesammelten Berichte hat jemand das mythologische Gemälde entworfen von dem, was hinterher kommt. Keiner zeichnete den Himmel der Karikaturisten mit Perlentoren, güldenen Straßen und geflügelten, harfezupfenden Engelein oder die lodernde Höllenglut, wo kleine Teufelchen ihre Mistgabeln schwingen.

In den meisten Fallgeschichten kommt das Schema von Belohnung und Strafe im Nachleben nicht mehr vor, sogar bei denen nicht, die vorher ganz selbstverständlich in solchen Begriffen gedacht hatten. Sie erlebten zu ihrem tiefen Erstaunen, daß, selbst wenn ihre ganz eindeutig schlimmen und sündigen Taten offenbar wurden vor dem Lichtwesen, dieses Wesen nicht mit Zorn und Groll reagierte, sondern nur immer mit Verständnis und sogar mit Humor. Als eine Frau zusammen mit dem Lichtwesen die Rückschau auf ihr Leben ansah, kamen ein paar Szenen zum Vorschein, wo sie es nicht vermocht hatte, Liebe zu geben, sondern nur Selbstliebe bewiesen hatte. Und doch sagt sie: «Als wir zu diesen Szenen kamen, gab er mir nur zu verstehen, daß ich auch damals etwas gelernt habe.»

Viele haben ihre alten Vorstellungen von Lohn und Sühne fallengelassen und sind zurückgekehrt mit einem neuen Denkmodell und einem neuen Verständnis von der jenseitigen Welt – sie tragen in sich eine Vision, die nicht von einseitiger Verurteilung spricht, sondern von gemeinsam vorangetriebener Entwicklung auf das Endziel der Selbstverwirklichung hin. Nach dieser neuen Sicht endet die Entwicklung der Seele, besonders ihrer geistigen Fähigkeiten der Liebe und des Wissens, nicht mit dem Tode. Vielmehr geht sie weiter auf der anderen Seite, vielleicht ewiglich, auf jeden Fall aber für eine gewisse Zeit und bis zu einer solchen Höhe, wie wir sie nur erahnen können, solange wir in stofflichen Leibern wohnen, «durch eine trübe Scheibe Glas».

Bestätigung

Natürlich taucht die Frage auf, ob man irgendeinen Beweis für die Echtheit der Todesnähe-Erlebnisse erbringen kann unabhängig von den Beschreibungen derer, die diese Erlebnisse selber hatten. Zahlreiche Gewährspersonen berichten, ihren Körper über längere Zeit hinweg verlassen zu haben und dabei Zeuge gewesen zu sein bei vielen Geschehnissen in der Körperwelt während dieses Zwischenspiels. Ist es möglich, einen dieser Berichte an anderen Zeugenaussagen zu messen von Personen, die nachweislich dabei waren, oder mit späteren Vorgängen in Einklang zu setzen und auf diese Weise eine objektive Bestätigung zu erhalten?

In gar nicht einmal so wenigen Fällen ist die etwas überraschende Antwort auf diese Frage: «Ja!» Des weiteren ist die Schilderung von Ereignissen, die im Zustand der Ausleibigkeit miterlebt wurden, ziemlich treffsicher. Mehrere Ärzte haben mir zum Beispiel erzählt, sie seien zutiefst verblüfft gewesen, wie genau und richtig Patienten ohne alle medizinischen Kenntnisse beschreiben konnten, was bei Reanimationsversuchen im einzelnen gemacht und getan wird, obwohl diese Bemühungen zuverlässig erst unternommen wurden, als die Ärzte wußten, daß der betreffende Patient «tot» war.

In verschiedenen Fällen haben mir die Zeugen berichtet, wie sie ihre Ärzte oder andere Menschen in Erstaunen versetzt haben mit Berichten über Ereignisse, die sie mit-«erlebt» haben, während sie «tot» und außerhalb ihres eigenen Körpers waren. Ein Mädchen zum Beispiel lag im Sterben, verließ den eigenen Körper und begab sich in einen anderen Raum im selben Krankenhaus. Dort traf sie auf ihre ältere Schwester, die weinte und rief: «O Margret, bitte nicht sterben, nicht sterben bitte!» Diese ältere Schwester war völlig überrascht, als Margret ihr später ganz genau sagen konnte, wo sie damals gewesen war und was sie gesagt hatte. In den beiden folgenden Abschnitten werden ähnliche Vorkommnisse beschrieben.

«Als alles ausgestanden war, sagte der Doktor zu mir, daß es mir wirklich sehr schlecht gegangen sei. Und ich sagte zu ihm: ‹Ja, das weiß ich.› Darauf er: ‹Wieso wissen Sie das?› Da sagte ich: ‹Ich kann Ihnen genau aufzählen, was passiert ist.› Er wollte mir nicht glauben. Also erzählte ich ihm die ganze Geschichte von dem Moment an, in dem ich aufhörte zu atmen, bis zu dem Zeitpunkt, in dem ich wieder zu mir kam. Er war echt geschockt, als er hörte, daß ich alles und jedes wußte, was wirklich geschehen war. Er wußte nicht so recht, was er darauf sagen sollte, aber er ist noch mehrere Male in mein Zimmer gekommen und hat mich nach verschiedenen Einzelheiten ausgefragt.»

«Als ich nach dem Unfall wieder zu Bewußtsein kam, war mein Vater bei mir. Ich wollte von ihm nicht einmal wissen, wie ich aussah, wie es mit mir aussah und was die Ärzte mir voraussagten. Ich wollte über gar nichts anderes reden als nur über das Erlebnis, das ich eben gehabt hatte. Ich erzählte meinem Vater, wer meinen Körper aus den Trümmern des Hauses herausgezogen hatte, welche Farben die Kleidungsstücke des Betreffenden hatten, wie man mich da rausgeholt hat und sogar alles, was am Unglücksort gesprochen worden war. Und mein Vater sagte: ‹Ja, stimmt, so war das alles in

Wirklichkeit.› Dabei war mein Körper diese ganze Zeit über physisch erledigt! Es gab einfach keine Möglichkeit, daß ich diese Dinge gesehen oder gehört haben konnte, *ohne* außerhalb meines eigenen Körpers gewesen zu sein.»

In einigen wenigen Fällen schließlich war ich in der Lage, die unabhängige Bezeugung Dritter von bestätigenden Ereignissen aufzutreiben. Will man die Beweiskraft solcher unabhängigen Berichte jedoch ermessen, so sind mehrere Schwierigkeiten zu bedenken. Erstens ist in der Mehrzahl der Fälle das bestätigende Ereignis bezeugt allein durch den Sterbenden selbst und bestenfalls noch durch ein paar gute Freunde und Bekannte. Zweitens habe ich auch bei den sensationellsten, gut belegten Fallbeispielen, die ich gesammelt habe, die feste Zusage gegeben, die echten Namen nicht preiszugeben. Und selbst wenn ich das doch täte, würden nach meiner Überzeugung solche *nach* dem Vorfall erfaßten Bestätigungen noch lange keinen *Beweis* abgeben. Auf die Gründe dafür werde ich im Schlußkapitel eingehen.

Wir sind am Ende unserer Forschungsreise durch die verschiedenen Stufen und Ereignisse der Sterbeerfahrung angelangt, wie sie gemeinhin dargestellt werden. Zur Abrundung dieses Kapitels möchte ich jetzt in einiger Ausführlichkeit einen ziemlich ungewöhnlichen Bericht zitieren, der viele von den Elementen enthält, die ich abgehandelt habe. Dazu kommt aber noch, daß diese Fallgeschichte eine einzigartige Besonderheit aufweist, die sonst nirgendwo vorkam: Das Lichtwesen sagt dem betreffenden Mann seinen nahen Tod voraus, beschließt dann aber, ihn doch leben zu lassen.

«Als das damals passierte, da habe ich schwer zu tun gehabt mit Bronchialasthma und Lungenemphysem. Eines Tages bekam ich einen Hustenkrampf und muß mir dabei einen

Bandscheibenriß in der Lendenwirbelgegend zugezogen haben. Einige Monate lang lief ich von einem Arzt zum anderen wegen meiner quälenden Schmerzen. Einer schließlich überwies mich an einen Neurochirurgen, einen Dr. Wyatt. Der untersuchte mich und sagte, ich müsse sofort ins Krankenhaus. Ich bekam auch gleich ein Bett und erhielt als erstes einen Streckverband.

Dr. Wyatt wußte von meiner schweren Erkrankung der Atemwege und zog deshalb einen Lungenspezialisten hinzu, der meinte, der Anästhesiologe Dr. Coleman solle konsultiert werden, wenn ich eingeschläfert würde. Es hat mich also zunächst der Lungenarzt behandelt, etwa drei Wochen lang, bis er mich so weit hatte, daß Dr. Coleman sich meiner annehmen konnte. Er war schließlich mit Montag einverstanden, obwohl er große Bedenken hatte. Die Operation sollte am darauffolgenden Freitag stattfinden. Montag abend schlief ich ein und hatte eine ruhige Nacht bis in die frühen Morgenstunden des Dienstags hinein, als ich plötzlich wach wurde von einem rasenden Schmerz. Ich drehte mich herum und wollte mich in eine etwas bequemere Lage bringen, da erschien genau in diesem Moment ein Licht in der Zimmerecke, dicht unter der Decke. Es war so etwas wie eine Kugel aus Licht, etwa wie ein Leuchtglobus, nicht sehr groß, ich würde sagen: 30 bis 40 Zentimeter im Durchmesser, nicht mehr. Als dieses Licht da auftauchte, überkam mich ein Gefühl, kein schauriges Gefühl, nein, das nicht. Es war eher ein Gefühl von vollkommenem Frieden und wunderbarem Gelöstsein. Ich konnte sehen, wie eine Hand zu mir herabreichte von dem Licht, und das Licht sprach: ‹Komm mit mir, ich möchte dir etwas zeigen.› Ich zögerte keine Sekunde und streckte sofort meine Hand aus und ergriff die Hand, die ich sah. Als ich das tat, fühlte ich mich emporgehoben und meinem Körper entrückt, als ich mich umdrehte, sah ich ihn dort unten auf dem Bett liegen, während ich in die Höhe stieg zur Zimmerdecke hinauf.

Sobald ich nun also meinen Körper verlassen hatte, nahm ich dieselbe Gestalt an wie das Licht. Ich hatte das Gefühl (und ich muß das nun mit meinen eigenen Worten zu beschreiben versuchen, weil ich noch nie jemand gehört habe, der über solche Dinge gesprochen hätte), daß diese Gestalt nichts anderes war als ein Geist. Ich war kein Körper, nur ein Rauchfaden oder ein Dampfschleier. Es sah vielleicht am ehesten noch so aus wie die Wolken von Zigarettenrauch, die um eine Lampe herum schweben. Die Gestalt, zu der ich wurde, hatte allerdings Farben. Da gab es Orange, Gelb und einen Farbton, den ich nicht genau bestimmen kann – ich sah es als Indigo an, eine bläuliche Nuance.

Diese spirituelle Gestalt hatte keine Kontur wie ein Körper. Sie war mehr oder weniger kugelförmig, hatte aber so etwas wie eine Hand. Das weiß ich, weil ich, als das Licht zu mir herabreichte, ihm meine Hand entgegenstreckte. Doch der Arm und die Hand meines Körpers blieben unbewegt, ich konnte sie auf dem Bett liegen sehen an der Seite meines Körpers, als ich zu dem Licht hinaufschwebte. Doch wenn ich diese spirituelle Hand nicht gebrauchte, dann bildete sich der Geist wieder in seine kugelartige Form zurück.

Ich wurde also emporgehoben zu der Stelle, wo das Licht war, und wir begannen nun gemeinsam, durch Decke und Wand des Krankenzimmers hindurchzudringen hinein in den Flur, den Flur entlang, durch den Fußboden abwärts, wie es schien, in ein tiefer gelegenes Stockwerk der Klinik. Ohne jede Schwierigkeiten konnten wir durch Türen oder Wände gehen. Sie verflüchtigten sich einfach, wenn wir auf sie zugingen.

In dieser Phase schien es, als wären wir unterwegs. Ich merkte, wie wir uns bewegten, hatte aber keinerlei Geschwindigkeitsgefühl. Und mit einemmal, urplötzlich, wurde mir klar, daß wir auf der Intensivstation angekommen waren. Zwar hatte ich keine Ahnung gehabt, wo in diesem Krankenhaus die Wachstation lag, aber wir trafen dort ein, und zwar wieder da oben in der Zimmerecke dicht unter der Decke, hoch über allen anderen. Ich sah, wie die Ärzte und Schwestern da herumliefen in ihren grünen Kitteln und wo die Betten standen.

Dieses Wesen bedeutete mir – zeigte mir –: ‹Dies ist der Ort, wo du einmal hinkommen wirst. Wenn sie dich aus dem Operationssaal herausrollen, dann legen sie dich in das Bett dort, aber du wirst darin nie wieder aufwachen. Du wirst gar nichts mehr spüren, nachdem du in den Operationssaal gebracht worden bist, bis ich wiederkomme und dich einige Zeit später hole.› Ich möchte nicht behaupten, daß diese Worte gefallen sind. Es war auch keine Stimme, die man mit den Ohren hören konnte. Wenn das nämlich so gewesen wäre, dann hätten die anderen auf der Station diese Stimme ja doch auch hören müssen, meine ich, aber das taten sie nicht. Es war mehr ein Eindruck, der auf mich überging. Das geschah aber in einer so lebendigen Weise, daß ich gar nicht sagen *konnte*: Das habe ich nicht gehört oder das habe ich nicht gefühlt. Es war für mich einfach ganz klar!

Was ich zu sehen bekam – also, ich konnte die Dinge viel leichter erkennen, die ich sah, während ich in der spirituellen Gestalt verweilte. Ich rätselte nicht herum: ‹Was will er mir denn nun wohl zeigen?› Ich wußte sofort, was er wollte. Es gab da keinen Zweifel. Es war so, daß *das Bett dort* – es war das Bett gleich rechts neben der Tür zum Gang – die Stelle war, wo ich hinkommen sollte, und daß er mich hierhergebracht hatte zu einem bestimmten Zweck. Und den nannte er mir dann auch. Mir wurde bewußt, was der Grund für das Ganze war: Er wollte nicht, daß ich mich fürchtete, wenn die Zeit käme, da mein Geist ausfahren würde aus meinem Körper, sondern er wollte, daß ich wisse, was für eine Empfindung das sein würde, wenn ich jenen Punkt dereinst überschritte. Er wollte mir ein Gefühl der Sicherheit geben, damit ich keine Angst bekäme. Darum sagte er zu mir, er werde nicht sofort da sein, sondern ich müsse erst andere Dinge durchmachen, er werde aber über allem wachen, was mit mir geschehe, und am Ende würde er wieder ganz bei mir sein.

In dem Moment übrigens, in dem ich mich ihm anschloß und selber eine Geistgestalt angenommen hatte, waren wir beide auf irgendeine Weise ineinander übergegangen. Wir waren wohl noch auch getrennte Wesen. Doch er hatte die Macht über alles, was geschah, soweit es mich betraf. Und wenn wir sogar durch Wände, Decken und so weiter hindurchglitten, dann schienen wir in einer so innigen Verbindung zu sein, daß mir nichts hätte etwas anhaben können. Es herrschte ein solcher Friede, eine solche Ruhe und Heiterkeit, wie ich sie niemals woanders erlebt hatte.

Nachdem er mir dies mitgeteilt hatte, brachte er mich zurück in mein Krankenzimmer. Als ich dort ankam, sah ich wieder meinen Körper dort liegen, noch in derselben Stellung wie beim Verlassen. Und im Handumdrehen war ich wieder in meinen Körper hineingeschlüpft. Ich schätze, daß ich mich für fünf bis zehn Minuten außerhalb meines Körpers aufgehalten habe. Aber mit der Uhrzeit hatte mein Erlebnis nichts zu tun. Ich weiß nicht einmal, ob ich je darüber nachgedacht habe in irgendwelchen Begriffen der Zeitmessung.

Nun ja, diese ganze Sache hatte mich doch sehr verwundert, kam völlig überraschend für mich. Es war so lebensecht und wirklichkeitsnah gewesen – noch mehr als im gewöhnlichen Leben. Und am nächsten Morgen war alle Angst von mir abgefallen. Beim Rasieren merkte ich, daß meine Hand gar nicht mehr zitterte, wie sie es in den letzten sechs, acht Wochen getan hatte. Ich wußte, daß ich sterben würde, und fühlte doch keine Trauer, keine Furcht. Mir kam gar nicht der Gedanke: ‹Was kann ich bloß tun, damit es nicht soweit kommt?› Ich war einfach bereit.

Am Donnerstagnachmittag vor meiner Operation am nächsten Morgen, lag ich in meinem Klinikbett und machte mir Sorgen. Meine Frau und ich haben einen Neffen adoptiert. Mit dem hatte es damals gerade einige Schwierigkeiten gegeben. Da kam ich auf die Idee, einen Brief an meine Frau aufzusetzen und einen an meinen Neffen; darin wollte ich meinen Sorgen Ausdruck geben. Die Briefe wollte ich beiseite legen, so daß sie erst nach meiner Operation gefunden würden. Als ich etwa zwei Seiten an meine Frau geschrieben hatte, war es, als hätten sich Schleusentore aufgetan. Ganz plötzlich kamen mir die Tränen, und ich mußte schluchzen. Ich fühlte jemanden in der Nähe, und zuerst dachte ich, ich hätte vielleicht so laut aufgeweint, daß eine der Schwestern davon alarmiert worden sei und nun gekommen wäre, um nach mir zu schauen. Aber ich hatte nicht gehört, wie die Tür aufging. Und doch fühlte ich jemanden in meiner Nähe, wenn ich auch diesmal kein Licht sah, und wie beim vorigen Mal gingen Gedanken oder Wörter in mich über, die mir sagten: ‹Jack, warum weinst du? Ich dachte, du würdest gerne zu mir kommen.› Und ich fühlte: ‹Ja, das würde ich gerne, sogar sehr gerne tun.› Und die Stimme sprach: ‹Aber warum weinst du dann?› Darauf ich: ‹Wir haben Sorgen mit unserem Neffen, weißt du, und nun habe ich Angst, daß meine Frau nicht weiß, wie sie ihn großziehen soll. Ich versuche gerade, meine Gedanken zu Papier zu bringen und ihr zu raten, was sie mit ihm tun soll. Ich bin auch traurig, weil ich meine, daß es für ihn schon eine Hilfe gewesen wäre, wenn ich noch weitergelebt hätte.›

Da kamen von dem, der mir nahe war, die Gedanken zu mir: ‹Da du für jemand anders bittest und dich um andere kümmerst, nicht um dich selbst, will ich dir deinen Wunsch erfüllen. Du sollst leben, bis du deinen Neffen erwachsen werden siehst.› Und damit war alles vorüber. Ich hörte auf zu weinen und zerriß den angefangenen Brief, damit meine Frau ihn nicht zufällig finden konnte.

Am Abend danach kam Dr. Coleman zu mir und sagte, es könne große Schwierigkeiten geben bei meiner Narkose, ich dürfe nicht erschrecken, wenn ich beim Aufwachen lauter Drähte und Schläuche und Apparate um mich herum vorfände. Ich hatte ihm nichts von meinem Erlebnis erzählt, darum nickte ich nur und sagte, daß ich mich schon richtig verhalten würde.

Die Operation am nächsten Morgen verlief glatt, und als ich wieder zu Bewußtsein kam, war Dr. Coleman bei mir. Ich sagte: ‹Ich weiß genau, wo ich jetzt bin.› Er fragte zurück: ‹In welchem Bett liegen Sie denn?› Ich antwortete: ‹Ich liege im ersten Bett rechts, wenn man vom Flur hereinkommt.› Er lachte auf und dachte wohl, ich spräche noch unter dem Einfluß der Narkose.

Ich wollte ihm erzählen, was ich erlebt hatte, aber in dem Augenblick trat Dr. Wyatt herein und sagte: ‹Er ist jetzt wach. Was wollen Sie jetzt tun?› ‹Es gibt gar nichts, was ich tun könnte›, erwiderte er. ‹Noch nie in meinem Leben hat mich etwas so sehr gewundert. Da habe ich nun all diese schönen Instrumente und Apparate zur Hand, und der Patient hier braucht davon nichts!› Darauf sagte Dr. Wyatt: ‹Es geschehen noch Wunder, wissen Sie?› Als ich mich im Bett aufrichten und im Zimmer umherschauen konnte, sah ich, daß ich genau in dem Bett lag, das mir mehrere Tage zuvor von dem Licht gezeigt worden war.

Na ja, diese ganze Geschichte liegt drei Jahre zurück, aber sie ist für mich noch immer so frisch wie damals. Es war das Phantastischste, was ich jemals erlebt habe, und hatte große Folgen für mich. Aber ich rede nicht gerne darüber. Nur meiner Frau habe ich davon erzählt und meinem Bruder und unserem Pfarrer und jetzt Ihnen. Ich weiß nicht, wie ich mich ausdrücken soll, aber es ist so schwer zu erklären. Ich will nicht Knall und Fall in Ihr Leben hineinplatzen, und herumprahlen will ich auch nicht. Mir geht es nach dieser Erfahrung nur so, daß ich keinerlei Zweifel mehr habe. Ich weiß, es gibt ein Leben nach dem Tod.»

3

Parallelen

Die Geschehnisse in den verschiedenen Stadien der Sterbeerfahrung sind, gelinde gesagt, ungewöhnlich. Daher kam es für mich überraschend, als ich im Lauf der Jahre auf eine ganze Menge frappierender Parallelen stieß. Diese Parallelen finden sich in alten und bzw. oder hochgradig esoterischen Schriften, wie sie uns aus den unterschiedlichsten Kulturen und Epochen überliefert sind.

Die Bibel

Im abendländischen Kulturkreis ist die Bibel das am meisten gelesene und am häufigsten zitierte Buch, in dem es um den geistigen Aspekt des Menschen geht und um das Leben nach dem Tod. Im ganzen sagt die Bibel allerdings recht wenig über das, was nach dem Tode geschieht, oder darüber, wie die Welt jenseits des Todes genau beschaffen ist. Dies gilt in besonderem Maße für das Alte Testament. Nach gelehrter Auffassung gibt es im gesamten Konvolut der alttestamentarischen Bücher nur zwei Stellen, an denen eindeutig vom Leben nach dem Tod die Rede ist.

Jesaja 26,19: «Aber deine Toten werden leben, meine

Leichname werden auferstehen. Wachet auf und rühmet, die ihr liegt unter der Erde! Denn . . . das Land der Toten wirst du stürzen.»

Daniel 12,2: «Und viele, so unter der Erde schlafen liegen, werden aufwachen: etliche zum ewigen Leben, etliche zu ewiger Schmach und Schande.»

Es fällt auf, daß in beiden Zitaten davon ausgegangen wird, es werde eine Auferstehung des Fleisches geben, und daß der Zustand des leiblichen Todes hier wiederum verglichen wird mit dem Schlafzustand.

Immerhin ergibt sich aus den vorigen Kapiteln, daß einige der Befragten sich ausdrücklich auf biblische Vorstellungen bezogen haben, als sie mir zu erklären oder zu verbildlichen versuchten, was mit ihnen geschehen war. Da war doch zum Beispiel jener Mann, der den dunklen Durchlaß, den er im Augenblick des Todes durchschritt, ansprach als den biblischen «Ort und Schatten des Todes». Zwei andere zitierten den Ausspruch Jesu: «Ich bin das Licht der Welt.» Es scheint, als hätten beide zumindest auch auf Grund dieses Wortes das Licht, dem sie begegnet sind, mit Christus identifiziert. «Ich habe», so hieß es in einem Fall, «noch niemals ein Wesen in diesem Licht gesehen, aber für mich war das Licht ein Christus-Bewußtsein, ein Einssein mit allen Dingen, eine vollkommene Liebe. Ich glaube, Jesus hat es ganz wörtlich so gemeint, als er davon sprach, er sei das Licht der Welt.»

Darüber hinaus bin ich bei meinem eigenen Bibelstudium auf einige mögliche Parallelen gestoßen, die keiner der von mir Befragten erwähnt hat. Die aufschlußreichsten finden sich in den Schriften des Apostels Paulus. Er war ein Christenverfolger gewesen bis zu seiner bekannten Erleuchtung und Bekehrung auf dem Weg nach Damaskus. Er berichtet darüber in der *Apostelgeschichte 26* in einer Verteidigungsrede vor dem König Agrippa:

«Warum wird das für unglaublich bei euch geachtet, daß Gott Tote auferweckt?» (26.8)

«Über dem, da ich auch gen Damaskus reiste mit Macht und Befehl von den Hohenpriestern, sah ich mitten am Tage, o König, auf dem Wege ein Licht vom Himmel, heller denn der Sonne Glanz, das mich und die mit mir reisten, anleuchtete. Da wir aber alle zur Erde niederfielen, hörte ich eine Stimme reden zu mir, die sprach auf hebräisch: ‹Saul, Saul, was verfolgst du mich? Es wird dir schwer sein, wider dem Stachel zu löcken.›

Ich aber sprach: ‹Herr, wer bist du?›

Er sprach: ‹Ich bin Jesus, den du verfolgst; aber stehe auf und tritt auf deine Füße. Denn dazu bin ich dir erschienen, daß ich dich ordne zum Diener und Zeugen des, das du gesehen hast, und das ich dir noch will erscheinen lassen . . .›

Daher, König Agrippa, war ich der himmlischen Erscheinung nicht ungläubig . . .

Da er (Paulus), aber solches zur Verantwortung gab, sprach (der Landpfleger) Festus mit lauter Stimme: ‹Paulus, du rasest! die große Kunst macht dich rasend.›

Er (Paulus) aber sprach: ‹Mein teurer Festus, ich rase nicht, sondern ich rede wahre und vernünftige Worte . . .›»

Diese Begebenheit erinnert in mancher Hinsicht an die Begegnung mit dem Lichtwesen bei Erfahrungen mit dem Beinahe-Tod. Zunächst einmal ist das Wesen mit Personsein ausgestattet, obwohl keine leibliche Gestalt zu sehen ist. Dazu geht von dem Lichtwesen eine Stimme aus, die Fragen stellt und Weisungen erteilt. Als Paulus anderen davon erzählen will, macht man sich lustig über ihn und nennt ihn verrückt. Und doch hat die Vision seinem Leben eine andere

Richtung gegeben. Er war fortan der einflußreichste Vorkämpfer eines Christentums der gelebten Nächstenliebe.

Freilich gibt es da auch Unterschiede. Der Apostel Paulus geriet nicht in Todesnähe während seiner Erleuchtung. Ferner berichtet Paulus, und das ist schon sehr interessant, er sei von dem Licht geblendet gewesen und habe danach nicht sehen können für drei Tage. Dies steht im Widerspruch zu den Berichten derer, die das Licht unbeschreiblich hell genannt haben, wenn es sie auch in keiner Weise blendete oder sie daran hinderte, ihre Umgebung zu erkennen.

An der Stelle, wo Paulus von der Auferstehung der Toten schreibt (im ersten Brief an die Korinther), geht er auch auf kritische Zweifel an der christlichen Vorstellung vom Weiterleben ein, die sich vor allem auf die Frage richten, was für einen Körper die Toten haben sollen.

1. Kor. 15,35–52: «Möchte aber jemand sagen: ‹Wie werden die Toten auferstehen, und mit welcherlei Leibe werden sie kommen?›

Du Narr: Was du säest, wird nicht lebendig, es sterbe denn. Und was du säest, ist ja nicht der Leib, der werden soll, sondern ein bloßes Korn, etwa Weizen oder der andern eines. Gott aber gibt ihm (dem Samenkorn) einen Leib, wie er will, und einem jeglichen von den Samen seinen eigenen Leib. Nicht alles Fleisch ist einerlei Fleisch; sondern ein anderes Fleisch ist der Menschen, ein anderes des Viehs, ein anderes der Fische, ein anderes der Vögel.

Und es sind himmlische Körper und irdische Körper; aber eine andere Herrlichkeit haben die himmlischen und eine andere die irdischen. Eine andere Klarheit hat die Sonne, eine andere Klarheit hat der Mond, eine andere Klarheit haben die Sterne; denn ein Stern übertrifft den anderen an Klarheit.

Also auch die Auferstehung der Toten. Es wird gesäet in

Unehre, und wird auferstehen in Herrlichkeit. Es wird gesäet
in Schwachheit, und wird auferstehen in Kraft. Es wird gesäet
ein natürlicher Leib, und wird auferstehen ein geistlicher
Leib. Ist ein natürlicher Leib, so ist auch ein geistlicher
Leib . . .

Siehe, ich sage euch ein Geheimnis: Wir werden nicht alle
entschlafen, wir werden aber alle verwandelt werden; und
dasselbe plötzlich, in einem Augenblick, zur Zeit der letzten
Posaune. Denn es wird die Posaune schallen und die Toten
werden auferstehen unverweslich, und wir werden verwandelt werden.»

Es gibt zu denken, daß die kurze Beschreibung, die Paulus
der Beschaffenheit des «geistlichen Leibes» widmet, sehr gut
übereinstimmt mit den Berichten derer, die sich außerhalb
ihrer Körper befunden haben. In allen Fällen wird die Un-
stofflichkeit des geistigen Leibes – das Fehlen einer materiellen Substanz – hervorgehoben wie auch die Aufhebung der
Grenzen. Paulus sagt zum Beispiel, wenn auch der natürliche
Leib schwach und häßlich war, wird der geistliche Leib stark
sein und herrlich. Dies erinnert an den Bericht über eine
Todesnähe-Erfahrung, in dem es hieß, der geistige Leib sei
heil und unversehrt erschienen, auch wenn der physische
Leib als verstümmelt gesehen werden konnte; oder an einen
anderen Bericht, in dem der geistige Leib alterslos zu sein
schien, das heißt, seine zeitliche Begrenzung war aufgehoben.

Platon

Der große griechische Philosoph Platon lebte in Athen von
427 bis 347 v. Chr. Seine Philosophie ist uns in seinem literarischen Werk fast vollständig erhalten geblieben. Es handelt

sich dabei um über 30 von seinem Lehrer Sokrates geführte Dialoge und um Briefe.

Platon glaubte fest an den Wert von Vernunft, Logik und Beweis für die Erlangung von Wahrheit und Weisheit. Dies aber nur bis zu einem gewissen Punkt, denn er war zugleich ein großer Visionär, der davon überzeugt war, daß die Wahrheit einem letztlich nur zugänglich war in einer eher mystischen Erfahrung der Erleuchtung und Einsicht. Er ging davon aus, daß es noch andere Ebenen und Dimensionen des Seins gab als nur die sinnlich wahrnehmbare Körperwelt. Und er glaubte, die Körperwelt könne nur verstanden werden durch Bezugnahme auf diese anderen, «höheren» Seinsebenen. Dementsprechend galt sein Hauptinteresse dem unkörperlichen, bewußten Teil des Menschen – der Seele. Den Körper betrachtete er nur als zeitweiligen Behälter der Seele. So nimmt es denn nicht wunder, daß Platon sich mit dem Schicksal der Seele nach dem Absterben ihres körperlichen Gefäßes auseinandergesetzt hat und daß etliche seiner Dialoge – besonders der *Phaidon*, der *Gorgias* und der *Staat* – sich zum Teil mit eben dieser Thematik beschäftigen.

In Platons Werken finden sich zahlreiche Beschreibungen des Todes, die sehr genau mit den Aussagen im vorigen Kapitel übereinstimmen. Zum Beispiel definiert Platon den Tod als die Loslösung des unkörperlichen Teils eines lebenden Menschen, seiner Seele, vom körperlichen Teil, seinem Leib. Und weiter: dieser unkörperhafte Teil des Menschen ist viel weniger Einschränkungen unterworfen als sein körperhafter. So hebt Platon besonders deutlich hervor, daß die Zeit kein Element der Bereiche darstellt, die jenseits der konkreten, sinnlich erfaßbaren Welt liegen. Die anderen Bereiche sind ewig, und was wir Zeit nennen, ist nach Platons tiefem Wort nur der «bewegte, unwirkliche Abglanz der Ewigkeit».

Platon legt an verschiedenen Stellen dar, wie die Seele nach ihrer Ablösung vom Körper mit den Geistern anderer Verstorbener verkehrt und von hilfreichen Wesen geleitet wird bei ihrem Übergang vom körperlichen Dasein in die nächste Sphäre. Er erzählt, wie manche darauf warten, in ihrer Todesstunde von einem Nachen geholt zu werden, der sie übersetzt über ein Wasser an «das jenseitige Ufer» ihrer Existenz nach dem Tode. Im *Phaidon* gipfelt Handlungs- und Gedankenführung in dem Bild vom Körper als dem Gefängnis der Seele: der Tod wäre demnach gleich der Flucht oder Freilassung aus diesem Gefängnis. Während Platon, wie wir im ersten Kapitel an der zitierten Verteidigungsrede des Sokrates gesehen haben, anfangs die alte Vorstellung vom Tode als Schlaf und Vergessen vertritt, tut er dies letztlich nur, um diese Vorstellung zu überwinden und förmlich in ihr Gegenteil umzukehren. Nach platonischer Anschauung steigt die Seele in ihr leibliches Gefäß, den Körper, aus einer höheren und göttlicheren Seinssphäre herab. Für ihn ist es die *Geburt*, womit das Schlafen und Vergessen der Seele beginnt. Denn das Hineingeborenwerden der Seele in einen Körper geschieht von einem Zustand erhöhter Bewußtheit aus in einen erheblich weniger bewußten, und unterdessen vergißt die Seele das Wahre, das sie vordem besaß in ihrem körperlosen Sein. Damit wird gesagt, daß der Tod ein Erwachen und Sich-Erinnern der Seele ist. Platon erklärt, daß die im Tode vom Körper losgelöste Seele viel klarer denken und erkennen kann als zuvor und daß sie die wahre Natur der Dinge weitaus besser zu schauen imstande ist. Außerdem, schreibt Platon, wird sie bald nach dem Tode einer «Beurteilung» ausgesetzt, wobei ein göttliches Wesen der Seele alles vorführt und vorhält, was sie im Leben getan hat – das Gute wie das Böse.

Im zehnten Buch seines Dialogs über den Staat (*Politeia*)

findet sich die wohl verblüffendste aller Parallelen. Dort erzählt Platon die Geschichte «von einem gar wackeren Manne, nämlich Er, dem Sohn des Armenios, einem Pamphylier dem Geschlechte nach; welcher einst im Kriege tot geblieben war, und als nach zehn Tagen die Gebliebenen schon verwest aufgenommen wurden, ward er unversehrt aufgenommen und nach Hause gebracht, um bestattet zu werden. Als er aber am zwölften Tage auf dem Scheiterhaufen lag, lebte er wieder auf und berichtete sodann, was er dort gesehen. Er sagte aber, nachdem seine Seele ausgefahren, sei sie mit vielen anderen gewandelt, und sie wären an einen wunderbaren Ort gekommen, wo in der Erde zwei aneinander grenzende Spalten gewesen und am Himmel gleichfalls zwei andere ihnen gegenüber. Zwischen diesen seien Richter gesessen, welche, nachdem sie die Seelen durch ihren Richterspruch geschieden, den Gerechten befohlen hätten, den Weg rechts nach oben durch den Himmel einzuschlagen, nachdem sie ihnen Zeichen dessen, weswegen sie gerichtet worden, vorne angehängt, den Ungerechten aber den Weg links nach unten, und auch diese hätten hinten Zeichen gehabt von allem, was sie getan. Als nun auch er hinzugekommen, hätten sie ihm gesagt, er solle den Menschen ein Verkünder des Dortigen sein, und hätten ihn gebeten, alles an diesem Orte zu hören und zu schauen.» Der gefallene Soldat Er mußte sich also nicht dem Gericht stellen, sondern habe wieder in das irdische Leben zurückkehren dürfen. «Wie aber und auf welche Weise er wieder zu seinem Leibe gekommen, wisse er doch nicht, sondern nur, daß er plötzlich, des Morgens aufschauend, sich schon auf dem Scheiterhaufen liegend gefunden.»

Man muß sich klar bewußt halten, daß Platon dem Leser selber einschärft, seine Beschreibungen der genauen Einzelheiten jener Welt, in welche die Seele nach dem Tode eingeht, seien «höchstens Wahrscheinlichkeiten». Obwohl er keinen Zweifel daran hat, daß es ein Weiterleben nach dem leiblichen Tode gibt, stellt er deutlich heraus, daß wir bei dem Versuch, das Nachleben zu erklären, während wir noch unserem jetzigen körperlichen Dasein verhaftet sind, mit zwei gravierenden Nachteilen zu kämpfen haben:

Erstens sind unsere Seelen in materiellen Körpern gefangen und somit eingeengt in ihrer Erfahrungs- und Lernfähigkeit auf unsere Sinnesorgane. Der Gesichts-, Gehör-, Tast-, Geschmacks- und Geruchssinn können uns täuschen, jeder auf seine besondere Weise. Unsere Augen können uns einen großen Gegenstand klein erscheinen lassen, wenn er weit entfernt ist; wir können uns verhören, wenn wir etwas gesagt bekommen; und so weiter. All dies führt dazu, daß wir falsche Meinungen oder Anschauungen hegen von der Natur der Dinge. Unsere Seelen können also nicht das Sein selbst wahrnehmen, ehe sie nicht befreit sind von den Verzerrungen und Ungenauigkeiten der Sinnesorgane.

Zweitens ist nach Platon die menschliche Sprache nicht imstande, die tiefsten Seinsgründe direkt auszudrücken. Wörter verstecken eher als entdecken das innere Wesen der Dinge. Daraus folgt, daß menschliche Rede nicht mehr vermag als hinweisen – durch Vergleiche, Gleichnisse, Mythen und auf andere indirekte Weise – auf die wahre Beschaffenheit dessen, was jenseits der physischen Sphäre existiert.

Das *Tibetanische Totenbuch*

In diesem erstaunlichen Dokument sind alt-tibetische Weisheitslehren aus vielen Jahrhunderten zusammengetragen worden. Ursprünglich wurden die Texte mündlich von Generation zu Generation weitergegeben, bis sie schließlich doch aufgeschrieben wurden. Die Fassung, die im Westen bekannt wurde, geht auf eine Quelle aus dem 8. Jahrhundert zurück. Sie ist also über tausend Jahre alt. Anfangs wurde sie versteckt gehalten vor Außenstehenden, die das Geheimnis ja doch nicht verstehen konnten, solange die Zeit dafür noch nicht reif war.

Die eigentümliche literarische Form dieses Werkes geht zurück auf die mannigfaltigen Zwecke, denen es diente. Vor allem sahen die Weisen, die es schrieben, das Sterben in der Tat als eine Kunst an – als etwas, das man entweder in gekonnter oder in unpassender Weise hinter sich brachte, je nachdem ob man das nötige Wissen, seine Sache gut zu machen, besaß oder nicht. Deshalb wurde aus dem Buch vorgelesen während der Totenfeier oder vorher am Lager des Sterbenden in den letzten Augenblicken seines Lebens. Die Texte sollten also zwei Funktionen erfüllen. Erstens sollten sie dem Sterbenden helfen, eine jede wunderbare Erscheinung zu begreifen, während er ihr begegnete. Zweitens sollten sie den im Leben Verbleibenden helfen, positive Gedanken zu hegen und nicht den Sterbenden zurückhalten zu wollen durch ihre Liebe und gefühlsmäßigen Bindungen, damit er in die Nach-Tod-Zwischenzustände hinübergelange in einer guten geistigen Verfassung, aller leiblichen Bedürfnisse ledig.

Um diese Ziele zu erreichen, bietet das Buch eine ausführliche Beschreibung der verschiedenen Stadien, welche die Seele nach dem Absterben des Körpers durchmacht. Die Übereinstimmung zwischen den frühen Stadien des Todes, wie sie in dieser alten tibetischen Schrift dargestellt sind, und dem, was ich von Menschen, die dem Tod ganz nahe gewesen waren, zu hören bekommen habe, grenzt ans Phantastische.

Zunächst einmal löst sich nach der tibetischen Schilderung

der Geist oder die Seele des sterbenden Menschen vom Körper ab. Nicht lange danach fällt seine Seele in «Ohnmacht», und er findet sich dann in einer Schlucht wieder, und zwar nicht in einem gegenständlichen Talkessel, sondern in einer Enge, die genau seiner persönlichen Begrenztheit entspricht und in der sein Bewußtsein noch weiterexistiert. Er vernimmt nun wohl schaurige und angsterregende Töne und Geräusche, die als windartiges Heulen, Rauschen und Pfeifen umschrieben werden, und sieht sich selbst und seine Umgebung in einer grauen, nebelhaften Beleuchtung.

Es wundert ihn, sich außerhalb seines Körpers zu befinden. Er sieht und hört, wie seine Verwandten und Freunde an seinem Leichnam wehklagen und ihn für das Begräbnis herrichten. Doch wenn er sie anzusprechen versucht, dann können sie ihn nicht sehen noch hören. Es ist ihm noch nicht aufgegangen, daß er tot ist, daher seine Verwirrung. Er fragt sich selbst, ob er denn nun tot ist oder nicht. Und wenn er schließlich begreift, daß er gestorben ist, weiß er nicht, wohin er gehen oder was er tun soll. Ein großer Kummer überkommt ihn, er verzweifelt an seiner Lage. Eine Zeitlang verweilt er nahe den Orten, an denen er sich in seinem leiblichen Leben aufgehalten hatte.

Er wird gewahr, daß er noch in einem Körper wohnt – «Strahl-Leib» genannt –, der nicht aus Materie zu bestehen scheint. Damit kann er durch Mauern, Felsen, ja ganze Berge hindurchgehen ohne den geringsten Widerstand. Ortsveränderungen geschehn im Nu. Wo auch immer er zu sein begehrt, dort ist er im Handumdrehen immer schon angekommen. Sein Denken wird hell und klar, seine Sinne scheinen verfeinert, besser und aufgeschlossener für das Göttliche. War er in seinem irdischen Leben blind oder taub oder verkrüppelt, so stellt er verwundert fest, daß sein «Strahl-Leib» über alle Sinnesorgane und alle Fähigkeiten seines Erdenkörpers uneingeschränkt verfügt, und besser, intensiver sogar. Er trifft sich sodann vielleicht mit anderen Wesen in derselben Leiblichkeit und begegnet dem, was *od gsal* – «strahlendes Licht» – genannt wird. Die Tibeter raten dem Sterbenden, er möge, wenn er sich diesem Lichte naht, anderen nur Liebe und Mitgefühl entgegenbringen.

In dem Buch werden auch die Empfindungen von unendlichem Frieden und gänzlicher Wunschlosigkeit beschrieben, die den Sterbenden erfüllen. Geschildert wird ferner eine Art von «Spiegel», in dem sein ganzes Leben aufscheint, die guten wie die bösen Taten, damit er selber und die Wesen, die ihn richten, alles leibhaftig vor sich sehen. In dieser Lage gibt es kein falsches Bild; denn über sein vormaliges Leben zu lügen ist nunmehr unmöglich.

Kurz gesagt: Obwohl das *Tibetanische Totenbuch* zahlreiche spätere Todesstadien umfaßt, von denen keiner der von mir Befragten behauptet hat, er sei bis zu solchen Erfahrungen vorgedrungen, bleibt es doch eine unleugbare Tatsache, daß es eine ganz erstaunliche Ähnlichkeit gibt zwischen dem, was in diesem uralten Manuskript geschrieben steht, und den Geschehnissen, von denen mir meine amerikanischen Gewährsleute über tausend Jahre später berichtet haben.

Emanuel Swedenborg

Swedenborg war gebürtiger Stockholmer. Er lebte von 1688 bis 1772. Er war zu seiner Zeit ein bekannter Mann und hatte keine geringen Beiträge geleistet auf den verschiedenen Gebieten der Naturwissenschaft, auf denen er arbeitete. Seine Schriften, anfangs zu anatomischen, physiologischen und psychologischen Fragen, trugen ihm einige Anerkennung ein. In seinen späteren Lebensjahren machte er jedoch eine religiöse Krise durch und fing an, von Erfahrungen zu erzählen, in deren Verlauf er angeblich in Verbindung gestanden hatte mit Geisterwesen aus dem Jenseits.

In seinen späteren Werken wimmelt es nur so von lebhaften Beschreibungen davon, wie das Leben nach dem Tod ist. Und wieder ist die Korrelation zwischen dem, was er über einige seiner spirituellen Erfahrungen schreibt, und dem, was andere nach ihrer Rückkehr aus innigster Todesnähe zu sagen wissen, ganz und gar verblüffend.

So beschreibt Swedenborg etwa, wenn Körperfunktionen wie Kreislauf und Atmung zum Stillstand kommen, «dann stirbt der Mensch noch lange nicht, sondern wird nur getrennt von dem körperhaften Teil, der ihm von Nutzen gewesen in dieser Welt . . . Der Mensch geht, wenn er stirbt, nur von der einen Welt in eine andere.»

Swedenborg sagt, er habe die ersten Begebenheiten des Todes an sich selber erfahren und habe sich außerhalb seines eigenen Körpers befunden: «Ich versank in einen Zustand der Fühllosigkeit aller meiner leiblichen Sinneswerkzeuge, also beinahe in den Zustand der Sterbenden. Doch blieb mein Innenleben und Denken erhalten, so daß ich wahrnehmen konnte und im Gedächtnis zu behalten verstand die Dinge, die da geschahen und wie sie denen geschehen, die wieder erweckt werden von den Toten . . . Besonders dessen ward ich gewahr, daß da war ein Ziehen und Zerren des Geistes, desgleichen meiner Seele, aus dem Leibe heraus.»

Während dieser Erfahrung trifft er auf Wesen, die er als «Engel» erkennt. Sie fragen ihn, ob er wirklich bereit sei zu sterben.

«Jene Engel frugen zuerst, was meine Gedanken waren, ob

sie gleich waren den Gedanken derer, die im Sterben liegen, welche gewöhnlich dem ewigen Leben gelten; und sie wünschten, meinen Geist in diesen Gedanken festzuhalten.»

Doch der Verkehr zwischen Swedenborg und den Geistern vollzieht sich nicht nach einer irdischen, menschlichen Weise. Vielmehr handelt es sich um einen unmittelbaren Gedankenaustausch. Weshalb auch Mißverständnisse gar nicht möglich sind. «Geister dagegen reden miteinander in einer alles umgreifenden Sprache ... Jeder Mensch wechselt sogleich nach seinem Tode hinüber in diese alles umgreifende Sprache ... die die eigentliche Sprache ist seines Geistes ... Die Rede eines Engels oder Geistes mit einem Menschen ist genauso tönend zu hören wie die Rede eines Menschen mit seinesgleichen. Doch wird sie nicht gehört von anderen, die nahe dabei stehen, sondern allein von ihm; der Grund dafür ist, daß die Rede eines Engels oder Geistes zuerst in des Menschen Gedanken hineinströmt ...»

Der gerade Verstorbene merkt nicht, daß er tot ist, weil er noch in einem «Leib» ist, der seinem stofflichen Körper in mancherlei Hinsicht ähnelt. «Der erste Zustand des Menschen nach dem Tode ist gleich seinem Stand in der Welt, denn er ist dann in gleicher Weise in Äußerlichkeiten ... Daher weiß es er nicht anders, als daß er noch immer auf der Welt ist ... Darum, nachdem sie sich darob verwundert haben, daß sie in ihrem Leibe stecken ganz und gar so, wie es mit ihnen auf der Welt gewesen war ... kommt ihnen eine Sehnsucht, zu wissen, was der Himmel ist und was die Hölle.»

Aber der Geist-Zustand ist weniger eingegrenzt. Wahrnehmen, Denken und Erinnern sind vollkommener. Zeit und Raum stellen nicht mehr solche Beschränkungen dar wie im irdischen Leben. «Alle Fähigkeiten der Geister sind von höherer Vollkommenheit, sowohl ihr Empfindungsvermögen als auch ihre Denkkraft als auch ihre Wahrnehmung.»

Der Sterbende begegnet auch anderen Geistern von Toten, die er während seines Lebens gekannt hatte. Sie stehen ihm hilfreich zur Seite bei seinem Durchgang in das Jenseits. «Der Geist eines erst jüngst aus der Welt geschiedenen Menschen wird ... aufgenommen von seinen Freunden und solchen, die er auf der Welt gekannt ... Deshalb wird ihnen von ihren Freunden erklärt, was es mit dem Zustand des ewigen Lebens auf sich hat.»

Sein verflossenes Leben wird ihm in einer Vision vor Augen gehalten. Er erinnert sich an jede Einzelheit davon, und es ist ihm unmöglich, im geringsten zu lügen oder etwas zu verbergen. «Das innere Gedächtnis ist also, daß darin alle einzelnen Dinge niedergeschrieben sind, die der Mensch zu irgendeiner Zeit gedacht, gesprochen und getan hat von frühester Kindheit bis ins höchste Alter. Der Mensch hat bei sich das Gedächtnis an alle diese Dinge, wenn er in ein anderes Leben gelangt, und wird Schritt um Schritt dahin gebracht, ihrer aller zu gedenken ... Alles, das er gesagt und getan ... wird offenbar vor den Engeln in einem Licht so klar wie der helle Tag ... und ... es gibt nichts auf der Welt, das so verborgen wäre, daß es nicht offenbar würde nach dem Tod ... Wie in einem Bilde geschaut, wenn der Geist angesehen wird in dem Lichte des Himmels.»

Swedenborg schreibt auch über das «Licht des Herrn», welches die Welt nach dieser Welt durchstrahlt, ein Licht von unaussprechlicher Helligkeit, das er selber erblickt hat. Es ist ein Licht der Wahrheit und des Verstehens.

Also auch in den Schriften Swedenborgs – wie zuvor in der Bibel, bei Platon und im *Tibetanischen Totenbuch* – finden wir erstaunliche Parallelen zu den Vorgängen, wie sie von Todesnähe-Erfahrungen heutzutage berichtet werden. Natürlich erhebt sich die Frage, ob dieser Parallelismus denn wirklich so staunenswert ist. Einige könnten zum Beispiel einwerfen, daß sich die Autoren dieser Werke gegenseitig beeinflußt hätten. Eine solche Annahme kann in einigen Fällen zutreffen, in anderen dagegen nicht. Platon erklärt selber, daß er einige seiner Anschauungen teilweise den mystischen Religionen des Ostens entlehnt habe. Es könnte demnach sein, daß er von derselben Überlieferung beeinflußt wurde, der auch das *Tibetanische Totenbuch* entstammt. Die griechische Philosophie wiederum hat gewisse Teile des Neuen Testaments geprägt. Es könnte also behauptet werden, die Darstellung des «geistlichen Leibes», wie wir sie bei Paulus lesen, reicht mit einigen Wurzeln zurück zu Platon.

Andererseits ist es aber in der Mehrzahl der Fälle nicht leicht, die Möglichkeit einer solchen Einflußnahme auch nur theoretisch zu konstruieren. Jeder der Autoren scheint ein paar interessante Einzelheiten vorzubringen, die ebenfalls in meinen Interviews auftauchen, aber nicht von älteren Autoren übernommen worden sein können.

Swedenborg kannte die Bibel und auch Platon. Er spielt jedoch mehrmals auf die Tatsache an, daß jemand, der gerade eben gestorben ist, eine Zeitlang gar nicht merkt, daß er tot ist. Diese Tatsache, die wieder und wieder in den Erzählungen derer auftaucht, die dem Tode sehr nahe gewesen sind, wird offenkundig weder in der Bibel noch bei Platon erwähnt. Um so wichtiger ist dieser Umstand im *Tibetanischen Totenbuch*, und das hat Swedenborg unmöglich kennen können. Es wurde nämlich erst 1927 übersetzt.

Ist es möglich, daß die Todesnähe-Erfahrungen, die ich gesammelt habe, ihrerseits beeinflußt wurden durch Bücher, wie ich sie hier vorgestellt habe? Allen Personen, mit denen ich gesprochen habe, war vor ihren «Todeserlebnissen» die Bibel bekannt gewesen, zwei oder drei wußten auch etwas von Platons Ideen. Kein einziger dagegen hatte eine Ahnung von solchen Esoterika wie Swedenborgs Schriften oder dem *Tibetanischen Totenbuch*. Aber viele Einzelheiten, die weder in der Bibel noch bei Platon vorkommen, tauchen regelmäßig in den Berichten auf, die ich zusammengetragen habe, und diese decken sich genau mit Phänomenen und Geschehnissen, wie sie in den entlegeneren Quellenschriften dargestellt werden.

Man muß zugeben, daß das Vorhandensein der Ähnlichkeiten und Parallelen zwischen uralten Weisheitstexten und den Berichten von unseren Zeitgenossen, die ihren eigenen Tod überlebt haben, eine ganz erstaunliche und bis heute noch nicht endgültig erklärte Tatsache bleibt. Wie kommt es, fragen wir uns vielleicht, daß das Weistum tibetischer Priesterlamas, daß die Gottesschau und Visionen des Apostels Paulus, daß die fremdartigen Vorstellungen und Mythen Platons, daß die Geist-Gerichte Swedenborgs allesamt so gut zusammenpassen, sowohl untereinander als auch mit den Erzählungen heutiger Menschen, die dem Zustand des Totseins so nahe gewesen sind wie sonst kein Lebender?

4

Fragen

Während der Lektüre werden dem Leser viele Zweifel und
Bedenken gekommen sein. In den Jahren, seitdem ich Vorträge über dieses Thema im privaten Rahmen und öffentlich
halte, wurden mir viele Fragen gestellt. Im allgemeinen werden mir immer wieder die gleichen Fragen gestellt, so daß ich
mir im Laufe der Zeit einen Fragenkatalog nach dem Häufig-
keitsprinzip zusammenstellen konnte. In diesem und im folgenden Kapitel werde ich mich damit auseinandersetzen.

Haben Sie sich das Ganze nicht bloß ausgedacht?
Nein. Ich bereite mich sehr ernsthaft auf eine wissenschaftliche Laufbahn vor. Ich will Professor für Psychiatrie und für
philosophische Fragen der Medizin werden. Es wäre wohl
alles andere als eine Empfehlung für einen wissenschaftlichen
Lehramtskandidaten, wenn er eine betrügerische Fälschung
in die Welt setzen wollte.

Außerdem habe ich die Erfahrung gemacht, daß jeder, der
nur sorgfältig und einfühlsam genug Nachforschungen an-
stellt bei seinen Bekannten, Freunden und Verwandten, ob
nicht auch dort solche Erlebnisse vorgekommen sind, sehr
schnell seine Zweifel verloren hat.

Sind Sie nicht ein bißchen wirklichkeitsfremd? Wie häufig sind denn wohl solche Erlebnisse?

Ich gebe sofort zu, daß ich wegen der unvermeidlich nur begrenzten Aussagefähigkeit meiner Fallsammlung nicht in der Lage bin, eine statistisch gesicherte Schätzung in Zahlen auszudrücken, wie häufig dieses Phänomen vorkommt. Doch möchte ich das eine mit Nachdruck sagen: Solche Erlebnisse sind sehr viel weiter verbreitet als man annehmen würde, wenn man sich nicht damit beschäftigt hat. Ich habe zahlreiche öffentliche Vorträge über dieses Thema gehalten vor sehr verschieden gearteten und unterschiedlich großen Auditorien, und es ist nicht ein einziges Mal vorgekommen, daß nicht am Schluß wenigstens ein Zuhörer nach vorne kam und eine eigene Geschichte dazu beizutragen hatte, oder gelegentlich sogar vor der Versammlung darüber sprach. Natürlich kann man immer einwenden – und zu Recht –, daß Menschen, die selber einschlägige Erfahrungen gemacht haben, mit sehr viel höherer Wahrscheinlichkeit einen Vortrag über diese Thematik besuchen werden als andere. Nichtsdestoweniger sind viele der Personen, die dann zu meinen Fallbeispielen geworden sind, ursprünglich nicht wegen des Themas zu meinem Vortrag gekommen. Zum Beispiel habe ich unlängst zu einer Gruppe von dreißig Zuhörern gesprochen. Zwei davon hatten Todesnähe-Erfahrungen gemacht, und trotzdem haben diese beiden nur deshalb an der Veranstaltung teilgenommen, weil sie zufällig zu der betreffenden Gruppe gehörten. Keiner von beiden kannte mein Vortragsthema vorher.

Wenn Todesnähe-Erfahrungen tatsächlich so häufig sind, wie Sie sagen, warum weiß man dann gemeinhin nicht mehr darüber?

Dafür scheint es verschiedene Gründe zu geben. An erster Stelle steht meines Erachtens die Tatsache, daß der Geist der Gegenwart ganz allgemein entschieden gegen jegliche Diskussion auch nur der Möglichkeit eines Weiterlebens nach dem biologischen Tod eingestellt ist. Wir leben in einem Zeitalter, in dem Wissenschaft und Technik ungeheure Fortschritte gemacht haben bei der Erklärung und Eroberung der Natur. Über Leben nach dem Tod zu sprechen mutet viele Menschen an sich schon atavistisch an, die eher meinen, eine solche Idee passe wohl in die vergangenen Epochen des Aberglaubens, keinesfalls aber in unsere Ära der exakten Wissenschaft. Dementsprechend werden Menschen mit Erfahrungen, die außerhalb der wissenschaftlichen Grenzen liegen, wie wir sie zur Zeit definieren, einfach nicht ernst genommen. Weil ihnen diese Haltung durchaus geläufig ist, verhalten sich Personen, die transzendente Erfahrungen besitzen, verständlicherweise fast abweisend, wenn sie coram publico danach gefragt werden. Ich bin davon überzeugt, daß in Wirklichkeit eine Unmenge von Material in den Gehirnen solcher Menschen verborgen ruht, die zwar derartige Erlebnisse gehabt haben, die aber aus Angst, für «verrückt» oder «mit einer blühenden Phantasie begabt» erklärt zu werden, nie etwas davon haben verlauten lassen, es sei denn gegenüber einem oder zwei engen Freunden oder Verwandten.

Dazu kommt: das Thema Todesnähe-Erlebnisse ist in der Öffentlichkeit eine obskure Angelegenheit, weil es überschattet wird von einer Erscheinung, die wir aus der Erkenntnistheorie und Lernpsychologie kennen. Sehr viel von dem, was wir tagtäglich hören und sehen, geht durch unser Bewußtsein, ohne hängenzubleiben. Wird aber unsere Aufmerksamkeit besonders eindringlich auf eine bestimmte Sache gelenkt, dann fällt sie uns nachher auch besonders auf. Fast jeder hat schon einmal die Erfahrung gemacht, daß er die Bedeutung eines unbekannten Wortes aufgeschnappt hat und nun genau dieses neue Wort auf jeder Seite entdeckt, die er in den folgenden Tagen liest. Das erklärt sich in aller Regel nicht dadurch, daß dieser Begriff sich etwa ganz frisch in der Sprache eingebürgert habe und nun in aller Munde wäre. Vielmehr verhält es sich so, daß dieses Wort längst in Gebrauch war in allem, was er so gewöhnlich las, daß er aber, weil er seine Bedeutung nicht kannte, einfach so darüber hinweglas, ohne es überhaupt bewußt zu registrieren.

Einen ähnlichen Fall habe ich kürzlich bei der Diskussion im Anschluß an einen meiner Vorträge erlebt. Ein Arzt meldete sich als erster zu Wort und fragte: «Ich arbeite nun schon seit vielen Jahren auf medizinischem Gebiet. Wenn diese Erfahrungen wirklich so häufig vorkommen, wie Sie sagen, warum sollte ich dann wohl davon nicht schon früher etwas gehört haben?» Da ich wußte, daß höchstwahrscheinlich einer der Zuhörer im Saal ein Fallbeispiel kannte oder auch zwei, gab ich die Frage gleich weiter ans Publikum. Ich fragte: «Hat vielleicht einer der Anwesenden schon von ähnlichen Dingen gehört?» Da hob die Frau des Arztes die Hand und erzählte die Geschichte eines sehr guten Freundes von ihr und ihrem Mann.

Oder ein anderes Beispiel: Ein Arzt, den ich kenne, wurde auf Erlebnisse dieser Art erstmalig aufmerksam gemacht durch einen alten Zeitungsartikel über einen meiner Vortragsabende. Am nächsten Tag erzählt ihm in der Sprechstunde, und zwar unaufgefordert, ein Patient von einer ganz ähnlichen Erfahrung. Der Arzt versicherte, sein Patient könne auf keinen Fall etwas von meinen Arbeiten gehört oder gelesen haben. Der Betreffende hatte vielmehr seine Geschichte nur deshalb seinem Arzt anvertraut, weil ihm etwas zugestoßen war, was er sich nicht erklären konnte und was ihm keine Ruhe ließ, weshalb er eben seinen Arzt konsultieren wollte. Es ist durchaus möglich, daß die beiden Ärzte doch schon vorher von irgendwelchen Fällen dieses Typus gehört, derlei Sachen aber für einen privaten Spleen gehalten hatten und nicht für ein weitverbreitetes Phänomen; und deshalb hatten sie vielleicht dem Ganzen keine Aufmerksamkeit geschenkt.

Schließlich gibt es bei den Ärzten noch einen speziellen Grund, der mir erklären könnte, warum so viele von ihnen keine Ahnung zu haben scheinen von Todesnähe-Erlebnissen, obwohl man doch annehmen sollte, daß gerade Ärzte damit eher zu tun haben müßten als andere Leute. Während der Ausbildung wird den jungen Medizinern pausenlos eingehämmert, sie sollten sich ja in acht nehmen vor dem, was der Patient über sein Befinden äußert. Jeder Arzt muß lernen, daß seine Aufmerksamkeit sich voll auf die objektiven «Anzeichen» von Krankheitsprozessen zu konzentrieren habe, während er die subjektiven Auslassungen des Patienten, seine «Beschwerden», immer nur cum grano salis werten müsse. Es hat viel für sich, so zu verfahren, weil es praktischer ist, sich auf objektive Befunde zu beschränken. Aber diese Grundeinstellung hat auch zur Folge, daß Todesnähe-Erlebnisse gar nicht zutage treten, weil ja nur verschwindend wenige Ärzte es sich zur Pflicht machen, nach den Empfindungen und Wahrnehmungen von Patienten zu fragen, die sie gerade aus einem Stadium klinischen Totseins wiederbelebt haben. Wegen dieser inneren Einstellung sind Mediziner – obwohl sie

eigentlich die Gruppe sind, die mit der größten Wahrscheinlichkeit auf Todesnähe-Erfahrungen stoßen müßte – vermutlich keine besseren Zeugen für Todesnähe-Erlebnisse als andere Leute.

*Unterscheiden sich die Berichte von Männern und von Frauen
über dieses Phänomen?*
Nein. Es scheint keinerlei Unterschiede nach Art oder
Inhalt der Erfahrungen zu geben, wie sie von männlichen und
von weiblichen Patienten berichtet werden. Ich bin sowohl
Männern als auch Frauen begegnet, die jedes einzelne der
gemeinsamen Merkmale von Todeskontakten beschrieben
haben. Offenbar gibt es kein einzelnes Strukturelement, das
in den Berichten des einen oder des anderen Geschlechts
stärker zum Vorschein kommt.
Und doch gibt es Unterschiede zwischen den männlichen
und den weiblichen «Versuchspersonen». Im großen und
ganzen sind Männer mit Todeserfahrungen erheblich zurück-
haltender, wenn sie darüber sprechen sollen, als Frauen. Wesentlich häufiger als von Frauen habe ich von Männern zwar
einen kurzen Hinweis auf einschlägige Erlebnisse bekommen, konnte sie dann allerdings weder zu einem Antwort-
brief noch zu einem Telefonanruf bewegen, wenn ich mit
einem gründlichen Interview nachfassen wollte. Deutlich
mehr Männer als Frauen sträubten sich mit Bemerkungen
wie: «Ich will das vergessen, nicht mehr dran denken» und
ließen ihre Furcht durchblicken, sich lächerlich zu machen,
oder sie gaben zu verstehen, daß ihr Erlebnis eine so emo-
tionsbefrachtete Sache gewesen sei, daß sie die allzu mächtigen Gefühle nicht wieder aufrühren wollten durch Reden
darüber.
Eine Erklärung dafür habe ich nicht, doch bin ich nicht der

einzige, dem dieser Sachverhalt aufgefallen ist. Dr. Russell Moores, der bekannte Parapsychologe, hat mir mitgeteilt, daß er selber wie auch andere dasselbe beobachtet haben. Etwa ein Drittel mehr Männer als Frauen wenden sich an ihn und erzählen von ihren okkulten Erfahrungen.

Interessant ist auch die Tatsache, daß ein höherer Prozentsatz solcher Erlebnisse, als nach den Regeln der Wahrscheinlichkeitsrechnung zu erwarten war, bei schwangeren Frauen vorgekommen ist. Auch dafür habe ich keine bündige Erklärung. Vielleicht ist der Grund darin zu sehen, daß eine Schwangerschaft rein physiologisch schon mit mancherlei Risiken einhergeht, die unversehens in lebensgefährliche Komplikationen umschlagen können. Wenn man gleichzeitig in Rechnung stellt, daß ja nur Frauen schwanger werden können und daß Frauen generell doch mitteilsamer sind als Männer, dann mag sich daraus teilweise erklären, warum derartige Erfahrungen so gehäuft mit Schwangerschaften zusammenfallen.

Woher wollen Sie wissen, ob Ihnen nicht alle diese Leute etwas vorgelogen haben?

Wer es nicht selber gehört und gesehen hat, wenn jemand über sein Todesnähe-Erlebnis berichtet, sucht sehr gern seine intellektuelle Zuflucht in der Hypothese, diese ganzen Geschichten seien frei erfunden. Ich befinde mich demgegenüber in einer unvergleichlichen Ausnahmesituation. Ich habe erlebt, wie erwachsene Menschen, reife und seelisch ausgeglichene Persönlichkeiten die Fassung verloren und in Tränen ausbrachen, wenn sie mir von Begebenheiten erzählten, die manchmal über dreißig Jahre zurücklagen. Ich habe in dem, wie sie sich äußerten, Aufrichtigkeit, menschliche Wärme und Gefühlsoffenheit verspürt, wie sie keine schriftliche Wiedergabe je dem Leser vermitteln könnte. Für mich ist daher auf eine Weise, die für die meisten leider nicht nachvollziehbar ist, jeglicher Verdacht, die Berichte könnten bloße Phantasieprodukte sein, vollkommen absurd.

Meine Bewertung der Dinge bekommt zusätzlich Gewicht durch einige sehr starke Argumente, die nachdrücklich gegen die Lügen-Hypothese sprechen. Ein Argument liegt förmlich auf der Hand: es ist die Schwierigkeit, die Anklänge und Parallelen zwischen so vielen Berichten zu erklären. Wie soll man es denn verstehen, daß so viele Leute mit derselben Zeugengeschichte bei mir aufgekreuzt sind und das über volle acht Jahre? Und das sollte Zufall sein? Oder was ist mit der Verschwörungstheorie? Eine geheime Absprache unter allen meinen Gesprächspartnern wäre theoretisch möglich. Es ist natürlich denkbar, daß eine feine alte Dame aus dem Ostteil North Carolinas, ein Medizinstudent aus New Jersey, ein Tierarzt aus Georgia und viele, viele andere sich vor mehreren Jahren zusammengetan haben in einer Verschwörerbande, nur um gegen mich einen superschlauen Schwindel auszuhekken. Denkbar vielleicht. Aber für mich nicht gerade sehr wahrscheinlich!

Wenn es keine glatten Lügen sind, könnten es aber doch in einem subtileren Sinn Verdrehungen sein. Ist es nicht möglich, daß Ihre Gewährsleute im Lauf der Zeit ihre Geschichten ausgeschmückt haben?

Diese Frage bezieht sich auf das bekannte Phänomen, daß jemand ein Erlebnis oder Ereignis schlicht und gerade referiert, aber dann nach und nach in eine höchst kunstvoll ausgeschmückte Erzählung umformt. Jedesmal, wenn er sie zum besten gibt, kommt ein winziger Schnörkel dazu, der Erzähler glaubt allmählich selbst an seine Story, bis sie sich am Ende so wunderschön ausnimmt, daß sie mit der ursprünglichen Sache kaum noch etwas zu tun hat.

Ich glaube allerdings nicht, daß dieser geläufige Mechanismus einen nennenswerten Einfluß gehabt hat auf die Fallgeschichten, die ich gesammelt habe. Erstens, weil die Berichte von Personen, die ich unmittelbar nach dem Erlebnis der Todesbegegnung interviewt habe – manchmal noch während ihres Krankenhausaufenthaltes –, nach Inhalt und Aufbau genau dem entsprachen, was andere nach Jahrzehnten aus ihrer Erinnerung hervorholten. Außerdem haben in einigen Fällen meine Gesprächspartner ihre Eindrücke gleich nach dem Erlebnis aufgeschrieben und mir diese Aufzeichnungen während unseres Gesprächs vorgelesen. Auch diese Beschreibungen gleichen im Typ haarscharf den Berichten über Erlebnisse, die im Abstand von Jahren aus dem Gedächtnis nacherzählt werden. Hinzu kommt die Tatsache, daß ich vielfach der erste oder zweite war, dem dieses Erlebnis überhaupt verraten wurde, und zwar höchst widerstrebend, selbst wenn der eigentliche Vorfall schon Jahre zurücklag. Obgleich es also in solchen Fällen kaum oder gar keine Gelegenheit zum Ausschmücken gegeben hatte, weicht diese Gruppe von Berichten ebenfalls in nichts von jenen Berichten ab, die erst nach einer mehrjährigen Zwischenzeit abgelegt wurden. Schließlich könnte in manchen Fällen das Gegenteil von Ausschmückung stattgefunden haben. In der Psychologie bezeichnet man mit dem Begriff «Verdrängung» einen seelischen Prozeß, bei dem ein Individuum gezielt darauf aus ist, unliebsame Erinnerungen, Gefühle oder Gedanken vom Bewußtsein fernzuhalten. Bei zahlreichen Gelegenheiten im Verlauf der Interviews haben die Befragten bestimmte Bemerkungen fallengelassen, die deutlich erkennen lassen, daß etwas verdrängt worden ist. Zum Beispiel sagte eine Frau, die mir von einem sehr ausgeformten Erlebnis berichtete, das sie während ihres «Todes» hatte: «Ich fühle, daß es da noch mehr gab, woran ich mich aber nicht mehr erinnere. Ich wollte das wegdrücken, weil ich wußte, die Leute würden mir ja sowieso nicht glauben.» Ein Mann, der einen Herzstillstand erlitt während der Operation einer Verwundung aus dem Vietnamkrieg, schilderte, wie schwer es ihm fiel, mit der Erfahrung, sich außerhalb des eigenen Körpers zu befinden, emotional fertig zu werden. «Ich kriege jetzt noch keine Luft mehr, wenn ich darüber sprechen soll . . . Ich ahne, daß ich mich an sehr viele Dinge nicht mehr erinnern kann. Ich habe versucht, sie zu vergessen.» Zusammenfassend darf man wohl sagen: Es spricht sehr viel dafür, daß Ausschmückung kein bedeutsamer Faktor war im Entstehungsprozeß dieser Geschichten.

Haben alle diese Leute bewußt einen religiösen Glauben gehabt, bevor sie die Erfahrung machten? Wenn ja, sind dann nicht diese Erfahrungen gefärbt durch die jeweiligen Glaubensinhalte und den kirchlichen Background?

Es scheint so bis zu einem gewissen Grade. Wie schon zuvor erwähnt, ist die Schilderung des Lichtwesens immer gleich, nur bekommt es die unterschiedlichsten Namen zugeschrieben, anscheinend je nach dem religiösen Milieu, aus dem der einzelne kommt. Während meiner gesamten Forschungstätigkeit auf diesem Gebiet habe ich jedoch nicht den leisesten Hinweis auf die Vorstellungen von Himmel oder Hölle gehört, wie sie in unserer Kultur jedermann geläufig sind. Vielmehr haben viele Personen hervorgekehrt, wie andersartig ihre Erfahrungen waren im Vergleich zu dem, was sie gemäß ihrer religiösen Erziehung erwarten sollten. Eine Frau, die «tot» gewesen war, berichtete: «Ich hatte immer gesagt bekommen, wenn man stirbt, sieht man den Himmel und die Hölle. Aber ich habe weder noch gesehen.» Eine andere Frau, die nach schweren Verletzungen ein Ausleibigkeitserlebnis hatte, sagte: «Das Komische war, daß ich im Religionsunterricht immer gehört hatte, daß man sofort nach dem Todeseintritt vor diesen herrlichen Toren stehen würde, diesen Perlenpforten. Statt dessen aber schwebte ich da herum über meinem eigenen Fleisch und Blut, und sonst war da nichts! Ich war zutiefst verwundert.» Ferner stammen doch gar nicht so wenige Berichte von Menschen, die keinen religiösen Glauben besaßen und auch nie religiöse Unterweisungen bekommen hatten, und trotzdem scheinen sich ihre Beschreibungen inhaltlich nicht abzuheben von solchen, deren Urheber tiefgläubige Menschen waren. In einzelnen Fällen haben sich welche, die in jungen Jahren einmal mit Glaubensdingen in Berührung gekommen waren, sich dann aber davon losgesagt hatten, nach ihrem Todeserlebnis mit tiefem Ernst religiösen Empfindungen ganz neu geöffnet. Andere meinen, sie hätten die Bibel und andere religiöse Bücher wohl gelesen, vieles darin aber gar nicht verstanden, bis ihnen ihr Todesnähe-Erlebnis den Schlüssel dazu geliefert habe.

Können die Erfahrungen, die Sie untersucht haben, irgend etwas aussagen über die Möglichkeit der Reinkarnation?

Kein einziger der mir bekannten Fälle bietet irgendwelche Anhaltspunkte dafür, daß es eine Seelenwanderung im Sinne von Reinkarnation gibt. Man muß indessen ganz klar sehen, daß auch kein einziger Fall dagegen spricht. Wenn es eine Reinkarnation gibt, dann verhält es sich wahrscheinlich so, daß es ein Zwischenspiel gibt in einer anderen Sphäre zwischen dem Zeitpunkt der Abtrennung vom alten Körper und dem des Einströmens in den neuen. Daraus ergibt sich, daß das Befragen von Leuten, die aus unmittelbarem Todeskontakt zurückkehren in ihren wieder belebten Körper, auf keinen Fall die geeignete Methode zur Erforschung der Reinkarnation sein kann.

Dafür sind andere Verfahren entwickelt und angewandt worden. Zum Beispiel hat man mit der Technik der «Altersrückversetzung» Versuche angestellt. Unter Hypnose bekommt eine Versuchsperson den Auftrag, sich geistig zurückzuversetzen in immer frühere und frühere Phasen ihres Lebens. Wenn sie auf die Schicht mit den allerfrühesten Erlebnissen in ihrem Leben stößt, die das Gedächtnis hergibt, dann befiehlt man ihr, noch weiter und noch weiter zurückzugehen! An diesem Punkt fangen viele Versuchspersonen an, detaillierte Geschichten über ihre früheren Leben in fernen Zeiten an fernen Orten zu erzählen. In einigen Fällen erweisen sich solche Erzählungen als erstaunlich genau zutreffend. Dies ist sogar passiert, wenn sichergestellt war, daß die betreffende Versuchsperson auf keine denkbare normale Art und Weise etwas gewußt haben konnte von Ereignissen, Personen und Orten, die sie so treffend beschreibt. Am bekanntesten ist der Fall Bridey Murphy, aber es gibt noch zahlreiche andere, die vielleicht noch eindrucksvoller sind und zuverlässig dokumentiert wurden, ohne denselben Bekanntheitsgrad erlangt zu haben. Wer dieser Frage nachgehen möchte, sei verwiesen auf das hervorragende Werk *Twenty Cases Suggestive of Reincarnation (Reinkarnation. Der Mensch im Wandel von Tod und Wiedergeburt. 20 überzeugende und wissenschaftlich bewiesene Fälle.* Freiburg 1976) von Dr. med. Ian Stevenson. Interessant ist auch, daß das *Tibetanische Totenbuch*, das die Phasen des Todesnähe-Erlebnisses so präzis verzeichnet, die Reinkarnation zu einem späteren Zeitpunkt eintreten läßt, der nach den Geschehnissen liegt, von denen meine Gewährsleute berichtet haben.

Haben Sie jemals einen Menschen interviewt, der ein Todes-
nähe-Erlebnis hatte in Verbindung mit einem Selbstmordver-
such? Wenn ja, hat sich dessen Erlebnis von den anderen
unterschieden?

Ich kenne einige wenige Fälle, in denen ein Selbstmordver-
such die Ursache für den offensichtlichen «Tod» gewesen ist.
Diese Erfahrungen wurden einhellig als unangenehm dargestellt.

Eine Frau drückte das so aus: «Wer hier eine betrübte Seele
zurückläßt, wird drüben selber eine betrübte Seele sein.»
Kurz gesagt, diese Menschen berichten, daß die Konflikte,
denen sie durch einen Selbstmord ausweichen wollten, immer
noch existiert haben, wenn sie tot waren, und zwar in noch
schärferer Form. In ihrem körperlosen Zustand waren sie
außerstande, aktiv an der Lösung ihrer Probleme zu arbeiten,
vielmehr mußten sie ohnmächtig mit ansehen, welche unheil-
vollen Konsequenzen ihre Tat nach sich zog.

Ein Mann versank nach dem Tode seiner Ehefrau in so tiefe
Verzweiflung, daß er sich mit einer Kugel das Leben nehmen
wollte. Er drückte ab und «starb» – und konnte doch noch
einmal gerettet werden. Er sagt: «Ich bin nicht dahin gekommen, wo meine Frau war. Ich kam an einen schauervollen
Ort . . . Ich erkannte sofort, was für einen großen Fehler ich
begangen hatte . . . Ich dachte: ‹Ach, hätte ich es doch nur
nicht getan!›»

Von anderen, die diesen unerträglichen Aufenthalt in der
«Vorhölle» durchgestanden haben, war zu hören, sie hätten
das Gefühl gehabt, dort für eine lange Zeit bleiben zu müssen.
Das war die Strafe für ihren «Verstoß gegen die Regeln», der
darin bestand, daß sie vorzeitig vor etwas davonlaufen wollten, was eigentlich ihre «Bestimmung» war, nämlich ihr Leben zu einem gewissen sinnvollen Abschluß zu bringen.

Solche Äußerungen stimmen überein mit dem, was mir verschiedene Leute berichtet haben, die aus anderer Ursache «gestorben» sind. Die erzählten, es sei ihnen während dieses Zustandes kundgetan worden, daß Selbstmord ein sehr unheilvoller Akt sei, der mit einer schweren Bestrafung geahndet werde. Ein Mann mit Todesnähe-Erfahrung nach einem Unfall sagte aus: «Während ich da drüben war, bekam ich das Gefühl dafür, daß mir zwei Dinge absolut verboten waren, nämlich mich selbst umzubringen oder einen anderen Menschen zu töten . . . Wenn ich Selbstmord verübte, würde ich damit Gottes Geschenk Ihm vor die Füße werfen . . . Einen anderen töten bedeute, die Pläne Gottes für den Betreffenden zu durchkreuzen.»

Derartige Ansichten, wie sie mir mittlerweile aus zahlreichen Berichten unabhängig voneinander bekannt geworden sind, decken sich genau mit uralten theologischen und sittlichen Gründen gegen den Freitod. Ein Argument dagegen findet sich in unterschiedlicher Gestalt in den Werken so verschiedener Denker wie Thomas von Aquino, John Locke und Immanuel Kant. Nach Kant handelt ein Selbstmörder gegen die göttliche Vorsehung und gelangt auf die andere Seite als einer, der sich gegen seinen Schöpfer empört. Thomas von Aquino sieht den Grund darin, daß wir das Leben als Geschenk von Gott haben und daß es Gottes Vorrecht ist, nicht des Menschen, das Leben wieder zurückzunehmen.

Mit dieser Darstellung möchte ich jedoch keine moralische Verurteilung des Selbstmordes ausgesprochen haben. Ich berichte nur, was mir andere erzählt haben über ihre Erfahrungen. In meinem nächsten Buch über Todesnähe-Erlebnisse werde ich mich unter anderem mit diesem Thema sehr viel gründlicher auseinandersetzen.

Haben Sie Fallbeispiele aus anderen Kulturkreisen zum Vergleich herangezogen?

Nein. Einer der Gründe, weswegen ich ganz klar sage, daß meine Untersuchung *keine* wissenschaftliche Arbeit darstellt, ist die Tatsache, daß die Personengruppe, mit der ich gesprochen habe, keine Zufalls-Stichprobe für «die» Menschen ist. Es wäre für mich hochinteressant gewesen, etwas über die Todesnähe-Erlebnisse bei den Eskimo, bei den Kwakiutl-Indianern, bei Papua-Kopfjägern, bei Watussi-Rinderhirten und bei noch anderen Völkerschaften zu hören. Geographische und andere Bedingungen haben mich leider gehindert, solche interkulturellen Studien anzustellen.

Gibt es historische Beispiele für Todesnähe-Phänomene?

Soviel ich weiß, gibt es keine. Da ich mich aber voll auf Beispiele aus unserer Zeit konzentriert habe, hatte ich einfach nicht die nötige Muße, um dieser Frage energisch nachzugehen. Ich würde mich kein bißchen wundern, wenn sich herausstellt, daß schon früher von solchen Erfahrungen erzählt worden ist. Andererseits nehme ich doch stark an, daß Todesnähe-Erlebnisse in den letzten Jahrzehnten unvergleichlich viel häufiger geworden sind, als sie es in früheren Zeiten waren. Der Grund dafür ist, daß es die modernen Wiederbelebungsmethoden noch gar nicht lange gibt. Viele von denen, die heute zurückgeholt werden, hatten in der Vergangenheit keine Überlebenschance mehr. Die Adrenalinspritze direkt ins Herz, der elektrische Apparat, der den Herzmuskel wieder «anspringen» läßt, die Herz-Lungen-Maschine sind Beispiele für den medizinischen Fortschritt.

Haben Sie das Krankenblatt Ihrer Versuchspersonen einge-
sehen?

Wenn ich konnte, ja. In den Fällen, in denen mir Nachforschungen gestattet waren, haben die Krankendokumente das
bestätigt, was die betreffenden Personen angegeben hatten. In
einigen Fällen sind infolge der langen Zwischenzeit und bzw.
oder des Ablebens derer, die die Wiederbelebung ausgeführt
hatten, keine Unterlagen mehr greifbar. Diejenigen Berichte,
für die beweiskräftige Akten nicht eingesehen werden konnten, unterscheiden sich nicht von denen, die an Hand der
Akten überprüft wurden. In vielen Fällen, in denen an die
medizinische Dokumentation nicht heranzukommen war,
habe ich mir Sicherheit verschafft durch Zeugenaussagen von
Freunden, Ärzten oder Angehörigen des Informanten, daß
dieser tatsächlich in Todesnähe gewesen ist.

Es heißt, nach fünf Minuten sei eine Wiederbelebung nicht
mehr möglich. Nun behaupten Sie, einige Ihrer Fälle seien bis
zu zwanzig Minuten lang «tot» gewesen. Wie ist denn das
möglich?

Die meisten Zahlenwerte und Größenangaben, mit denen
im medizinischen Alltag umgegangen wird, sind Mittelwerte,
Durchschnittszahlen, und dürfen nicht als absolute Daten
angesehen werden. Die fünf Minuten, die man in diesem
Zusammenhang oft zitiert findet, sind ein Durchschnittswert.
Es ist nun einmal eine klinische Faustregel, nach Ablauf von
fünf Minuten keine Reanimation mehr zu versuchen, weil in
aller Regel nach dieser Frist das Gehirn aus Sauerstoffmangel
schwerste Schäden erlitten hat. Da diese Zeitspanne von fünf
Minuten aber nur ein durchschnittlicher Wert ist, muß man
davon ausgehen, daß einige Fälle innerhalb dieser Zeitgrenze
liegen und einige außerhalb. Und tatsächlich bin ich auf Ein-

zelfälle gestoßen, wo die Wiederbelebungsmaßnahmen erst nach zwanzig Minuten zum Erfolg führten, ohne daß Hirnschäden festzustellen waren.

Waren diese Leute eigentlich alle wirklich tot?

Diese Frage ist sehr verwirrend und läßt sich nur schwer beantworten. Einer der Hauptgründe für diese Schwierigkeit ist semantischer Natur: Was bedeutet das Wort «tot»? Die heftigen Auseinandersetzungen im Zusammenhang mit Organtransplantationen haben erst jüngst wieder bewiesen, daß die Definition von «Tod» keineswegs eindeutig feststeht, nicht einmal in Medizinerkreisen. Die Bestimmungsmerkmale für Tod werden nicht nur von Medizinern und Nichtmedizinern unterschiedlich gesehen, sondern auch innerhalb der Ärzteschaft und von Klinik zu Klinik verschieden. Die Antwort auf diese Frage hängt also davon ab, was man unter «tot» versteht. Wir wollen uns zunächst drei Definitionen genauer ansehen und dann dazu Stellung nehmen.

1. «Tod» als Nichtvorhandensein klinisch eruierbarer Lebenszeichen.

Etliche werden sagen, ein Mensch ist tot, wenn sein Herz aufgehört hat zu schlagen und die Atemtätigkeit über eine längere Zeit ausgesetzt hat, wenn der Blutdruck bis zur Unablesbarkeit abfällt, wenn die Pupillen sich weiten, wenn seine Körpertemperatur sinkt usw. Dies ist die klinische Definition, die jahrhundertelang für Ärzte und Nichtärzte gleichermaßen gegolten hat. Und in der Tat wurden die meisten Patienten, die jemals für tot erklärt worden sind, nach eben diesen Kriterien beurteilt. Ohne Zweifel wurde dieser klinische Maßstab an viele Fälle angelegt, die ich untersucht habe. Sowohl die Aussagen der Ärzte als auch der schriftliche Beweis aus den Krankenpapieren stützen ausreichend die Annahme, daß der Tod in diesem Sinne wirklich eingetreten war.

2. «Tod» als Nichtvorhandensein von Hirnstromwellen.

Der technische Fortschritt hat zur Entwicklung von sehr verfeinerten Methoden bei der Beobachtung selbst solcher biologischen Vorgänge geführt, die ohne Apparate gar nicht wahrnehmbar wären. Der Elektroenzephalograph ist ein Gerät, mit dem man die schwachen elektrischen Potentiale des Gehirns verstärken und aufzeichnen kann. Neuerdings besteht die Neigung, die Feststellung des «eigentlichen» Todes abhängig zu machen vom Fehlen jeglicher Hirnstromtätigkeit, wie es in vollkommen «flachen» EEG-Kurven zum Ausdruck kommt.

Offensichtlich handelte es sich in allen Fällen von Wiederbelebung, mit denen ich zu tun hatte, um extreme Notfälle. Da war einfach keine Zeit, ein EEG anzufertigen. Die Klinikärzte kümmerten sich zu Recht einzig und allein darum, wie sie ihren Patienten doch noch retten könnten. Also mag manch einer einwenden, daß keiner von diesen Patienten nachgewiesenermaßen «tot» gewesen ist.

Nehmen wir doch einmal an, bei einem großen Prozentsatz von Leuten, die für tot gehalten und dann reanimiert wurden, hätte man völlig «flache» EEG-Kurven aufgezeichnet. Würde ein solcher Tatbestand für unseren Zusammenhang weitreichende Folgen haben? Ich meine nicht, aus folgenden drei Gründen.

Erstens sind Wiederbelebungsversuche immer Notfallsituationen, die äußerstenfalls etwa dreißig Minuten dauern. Einen Elektroenzephalographen in Betrieb zu setzen, ist eine ziemlich komplizierte technische Aufgabe, und sogar ein erfahrener Spezialist muß meist eine Zeitlang damit Probeläufe fahren, bis er ein korrektes Kurvenbild erhält, und auch das nur unter günstigsten Bedingungen. In einer Notfallsituation

herrscht immer eine solche Hektik, daß die Fehlerwahr-
scheinlichkeit sprunghaft zunimmt. Daher könnte ein Kritiker, sogar wenn man ihm eine flache EEG-Kurve für jemanden vorweisen könnte, der von einem Todesnähe-Erlebnis
berichtet, trotzdem den berechtigten Einwand machen, auf
das Kurvenbild sei kein Verlaß.

Zweitens bietet uns auch die modernste EEG-Apparatur,
richtige Bedienung vorausgesetzt, doch nicht unfehlbar die
richtige Entscheidungsgrundlage dafür, ob im Einzelfall eine
Wiederbelebung möglich ist oder nicht. Flache EEG-Kurven
sind bei Personen aufgenommen worden, die dann gleichwohl reanimiert werden konnten. Überdosen von Medika-
menten mit stark sedierender Wirkung auf das Zentralner-
vensystem wie auch Hypothermie (passive Unterkühlung)
waren die Ursachen für dieses Phänomen.

Drittens bliebe noch ein Problem ungelöst, auch wenn ich
einen Fall vorlegen könnte, wo sichergestellt wäre, daß der
Apparat korrekt eingesetzt wurde. Es könnte immer jemand
einwenden, damit sei ja noch längst nicht bewiesen, daß die
angeblichen Todesnähe-Erlebnisse auch wirklich zu der Zeit
stattgefunden hätten, da die EEG-Kurve flach verlief, sie
könnten ja auch davor gelegen haben oder danach. Ich komme also zu dem Schluß, daß die Elektroenzephalographie
nicht sehr hilfreich ist in der gegenwärtigen Phase der Forschungsarbeit.

3. «Tod» als irreversibler Verlust vitaler Funktionen.

Manche werden auf einer noch engeren Definition bestehen, wonach man unmöglich behaupten könne, ein
Mensch sei irgendwann einmal «tot» gewesen, und seien seine
Lebenszeichen noch so lange klinisch nicht erkennbar gewesen und sei sein EEG noch so lange in einer vollkommen
glatten Horizontale verlaufen, wenn er danach doch wieder

lebendig gemacht werden konnte. Mit anderen Worten: «Tod» wird definiert als derjenige Zustand des Körpers, in dem seine Wiederbelebung unmöglich ist. Es versteht sich, daß nach dieser Definition kein einziger meiner Fälle in Frage kommt, weil bei allen eine Wiederbelebung stattgefunden hat.

Wir sehen also, daß die Antwort auf unsere Ausgangsfrage davon abhängt, was unter «tot» verstanden wird. Man muß sich vor Augen halten, daß es sich hier zwar teilweise um eine semantische Streitfrage handelt, aber trotzdem um ein wichtiges Thema, denn alle drei Definitionen bergen wesentliche Aufschlüsse in sich. Ich neige am ehesten zu der dritten, in sich schlüssigen Definition. Auch in solchen Fällen, wo der Herzschlag für längere Zeit ausgesetzt hat, muß das Körpergewebe, speziell das Gehirn, irgendwie perfundiert (mit Sauerstoff und Nährstoffen versorgt) worden sein die meiste Zeit über. Man ist in keinem dieser Fälle zu der Annahme gezwungen, da sei ein biologisches oder physiologisches Naturgesetz durchbrochen worden. Damit eine Wiederbelebung überhaupt stattfinden konnte, müssen die Körperzellen bis zu einem gewissen Grade biologisch minimal aktiv geblieben sein, wenngleich mit den angewendeten Methoden klinisch keinerlei Anzeichen für solche Vorgänge mehr zu entdecken waren. Aber noch scheint es unmöglich zu sein, den Punkt exakt zu bestimmen, an dem es keine Umkehr mehr gibt. Möglicherweise liegt dieser Punkt bei jedem Menschen woanders, und ist auch gar kein fester Punkt, sondern eher ein gleitender Übergang in einem Kontinuum. In der Tat hätten noch vor wenigen Jahrzehnten die meisten der Menschen, mit denen ich meine Explorationsgespräche geführt habe, nicht zurückgeholt werden können. In der Zukunft wird es vielleicht Methoden geben, mit denen Leute wieder zum Leben erweckt werden können, die heute nicht mehr zu retten sind.

Wir wollen daher eine Hypothese aufstellen, daß der Tod eine Trennung des Geistes vom Körper ist und daß der Geist an dieser Schwelle des Todes hinüberwechselt in andere Seins-Sphären. Das würde voraussetzen, daß es irgendein Geschehen gibt, durch welches die Seele oder der Geist freigesetzt wird im Augenblick des Sterbens. Es gibt keinen Grund für die Annahme, daß dieses Geschehen sich in genauer Übereinstimmung mit dem vollzieht, was wir in unserer Epoche recht willkürlich als Punkt ohne Wiederkehr angesetzt haben. Genausowenig müssen wir annehmen, es laufe in allen Fällen ohne Störung ab, wie wir ja auch nicht davon ausgehen können, jedes biologische System arbeite immer störungsfrei. Gelegentlich mag dieses Geschehen sogar vor jedweder körperlichen Krisensituation auftreten und einige wenige einen kurzen Blick in andere Welten tun lassen. Damit könnten die Berichte solcher Menschen eher zu erklären sein, die einen blitzartigen Rückblick auf ihr ganzes Leben erfahren, die sich außerhalb ihres eigenen Körpers fühlten usw., als sie ganz sicher glaubten, jetzt müßten sie gleich sterben, auch wenn sie körperlich noch unversehrt waren.

Worum es mir letztlich geht, ist folgendes: Wo und wann jener Punkt des unrevidierbaren Totseins auch immer angesetzt werden mag – früher, heute oder in Zukunft –: diejenigen, mit denen ich gesprochen habe, sind diesem Punkt viel, viel näher gewesen als die riesige Mehrheit ihrer Mitmenschen. Und schon aus diesem Grunde drängt es mich, von ihnen zu hören, was sie darüber zu sagen haben.

Wenn man bis zum Ende weiterdenkt, ist es im Rahmen unserer Überlegungen doch wenig sinnvoll, ständig an der exakten Definition des «Todes» herumzukritteln – ob er end-

gültig zu sein habe oder nicht. Wer solche Einwände gegen
Todesnähe-Erlebnisse erhebt, scheint auf etwas Grundsätzliches hinauszuwollen. Er meint, solange die Möglichkeit bestehen bleibt, daß im Körper noch Spuren biologischer Prozesse vorhanden waren, könnten diese Prozesse Ursache und
Erklärung für solche Erfahrungen sein.

Nun habe ich ja schon oben eingeräumt, eine gewisse biologische Restfunktion müsse dem Körper in allen Fällen erhalten geblieben sein. Die Diskussion darüber, ob ich es mit
echten Todesfällen zu tun gehabt habe oder nicht, dringt nun
vor zu dem grundsätzlicheren Problem, ob nicht die biologischen Restfunktionen das Vorkommen derartiger Erfahrungen erklären könnten. Mit anderen Worten:

*Gibt es keine anderen Erklärungsmöglichkeiten (als die
durch Weiterleben nach dem leiblichen Tod)?*

Um diese Frage geht es im nächsten Kapitel.

5
Erklärungen

Selbstverständlich gibt es noch andere «Erklärungen» für die Phänomene im Grenzbereich des Todes. Rein philosophisch betrachtet, könnten unendlich viele Hypothesen aufgestellt werden, um irgendeine Erfahrung, Beobachtung oder Tatsache zu erklären. Denn man könnte ja für alles, was man erklären will, endlos eine theoretisch mögliche Erklärung nach der anderen produzieren. So auch für die Todesnähe-Erlebnisse. Da bieten sich alle möglichen Erklärungen an.

Es gibt also sehr viele theoretisch mögliche Erklärungsversuche. Einige davon tauchten immer wieder auf in den Diskussionen nach meinen Vorträgen. Folglich werde ich jetzt auf diese gängigeren Erklärungen eingehen und dazu noch auf eine andere, die mir zwar nie jemand vorgeschlagen hat, die mir aber sehr wohl hätte entgegengehalten werden können. Ich habe die Erklärungsversuche, ein bißchen willkürlich, in drei Gruppen eingeteilt: in übernatürliche Erklärungen, in natürliche (d. h. naturwissenschaftliche) Erklärungen und in psychologische Erklärungen.

Übernatürliche Erklärungen

Nur sehr selten hat einer meiner Zuhörer die Todesnähe-Erfahrungen mit Dämonen zu erklären versucht, etwa in dem Sinne, daß diese Erfahrungen zweifellos von bösen Kräften ausgelöst worden seien. Ich kann zu einer solchen Deutung nur soviel sagen: Ich glaube, man kann am besten zwischen gottgelenkten und satangelenkten Erlebnissen unterscheiden, wenn man darauf achtet, was der betreffende Mensch nach seinem Erlebnis sagt und tut. Gott, meine ich, würde versuchen, diejenigen, denen er sich zeigt, zu liebevollen und friedfertigen Menschen werden zu lassen. Satan würde seinen Anhängern vermutlich einblasen, den Weg des Hasses und der Zerstörung einzuschlagen. Ganz offenkundig sind meine Gewährsleute ins Leben zurückgekehrt mit dem erneuten Vorsatz, in die erstere Richtung zu gehen und sich von der letzteren abzukehren. Bedenkt man all die Täuschungsmanöver, die ein hypothetischer Dämon hätte ausführen müssen, um sein unseliges Opfer irrezuführen (und wozu eigentlich?), dann müßte er nach dem, was ich weiß, jämmerlich gescheitert sein bei dem Versuch, daraus einen überzeugenden Sendboten für seine Ziele zu machen!

Natürliche (naturwissenschaftliche) Erklärungen

1. Die pharmakologische Erklärung

Manche behaupten, Todesnähe-Erlebnisse seien verursacht worden durch chemische Substanzen, die dem Patienten zum kritischen Zeitpunkt aus therapeutischen Gründen verabreicht wurden. Das hört sich sofort plausibel an, was sich auf mehrere Umstände zurückführen läßt. Zum Beispiel sind die meisten Mediziner und Laien davon überzeugt, daß bestimmte Drogen wahnhafte und halluzinatorische Geisteszustände und Erlebnisse verursachen. Außerdem leben wir in einer Zeit, die sich sehr intensiv mit dem Problem des Drogenmißbrauchs beschäftigen muß, das öffentliche Interesse richtet sich auf den verbotenen Genuß von Drogen wie LSD, Haschisch usw., die solche halluzinatorischen Einschübe auszulösen scheinen. Schließlich ist es eine unbestreitbare Tatsache, daß auch zahlreiche zu Heilzwecken verwendete Substanzen einhergehen mit mancherlei psychischen Nebenwirkungen, die den Geschehnissen im Erlebnis des Sterbens gleichen. Ein Beispiel ist Ketamin oder Cyclohexanon, ein intravenös gespritztes Betäubungsmittel mit Nebenwirkungen, die in mancher Hinsicht Ähnlichkeiten haben mit dem Erlebnis, sich außerhalb des eigenen Körpers zu befinden. Klassifiziert wird es als «dissoziatives» Anästhetikum, weil der Patient unter seiner Einwirkung nicht nur auf Schmerzreize nicht mehr reagiert, sondern auch auf Umweltreize überhaupt. Er fühlt sich «dissoziiert» (abgesondert) von seiner Umgebung, wozu auch Teile seines eigenen Körpers gehören – Beine, Arme usw. Nach dem Abklingen der betäubenden Wirkung kann der Patient für einige Zeit psychische Verwirrungszustände zurückbehalten mit Halluzinationen und äußerst lebhaften Träumen.

Darüber hinaus finden sich in meinem Material einige Berichte von Menschen, die unter Einwirkung von Betäubungsmitteln etwas erlebt haben, was sie glatt als halluzinationsartige Todesvisionen ansprechen. Dafür ein Beispiel: «Einmal, da war ich etwa im Konfirmandenalter, da mußte ich wegen einer Plombe zum Zahnarzt. Ich sollte ein betäubendes Gas inhalieren. Eigentlich wollte ich keine Betäubung kriegen, weil ich Angst hatte, ich würde nicht wieder aufwachen. Als das Gas zu wirken anfing, hatte ich das Gefühl, ich würde in einer Spirale herumgedreht. Nicht so, als ob ich mich um mich selbst drehe, sondern als ob der Behandlungsstuhl mit mir drauf sich in einer Spirale nach oben bewegen würde, immer höher und höher und höher.

Alles war strahlend hell und weiß. Als ich die Spitze der Spirale erreicht hatte, kamen mir Engel entgegen und trugen mich in den Himmel. Ich meine, es seien mehrere Engel gewesen, obwohl mir alles etwas verschwommen vorkam. Ich kann nicht sagen, wie viele es waren, auf jeden Fall mehr als einer.

Zwischendurch hat sich der Zahnarzt mit seiner Assistentin über jemand anders unterhalten. Ich hörte, wie sie redeten, aber wenn sie mit einem Satz zu Ende waren, wußte ich schon nicht mehr, womit er angefangen hatte. Ich wußte, daß sie miteinander sprachen, wobei ihre Wörter hin und her hallten. Es war ein Echo, das sich weiter und weiter entfernte, wie in den Bergen. Ich weiß noch, daß ich den beiden von oben zuzuhören meinte, weil ich mir erhoben vorkam, aufsteigend zum Himmel.

Das ist alles, woran ich mich erinnern kann. Aber vielleicht gehört noch dazu, daß mich der Gedanke ans Sterben dabei nicht geschreckt hat. Sonst hatte ich damals Angst vor der Hölle. Aber als dies passiert ist, war es für mich gar keine Frage, daß ich nun in den Himmel komme. Später habe ich mich doch sehr gewundert, daß der Gedanke an den Tod mir nichts ausgemacht hatte, bis ich schließlich darauf kam, daß mir während der Narkose überhaupt nichts etwas ausgemacht hatte. Das Ganze war etwas Schönes, weil mich das Gas in einen vollkommen sorglosen Glückszustand versetzt hatte, nehme ich an. Das gefällt mir daran nicht. Die Sache war so vage. Ich habe mir später keine Gedanken mehr darüber gemacht.»

In einigen Punkten besteht Ähnlichkeit zwischen dieser Erfahrung und einigen anderen, die von denen, die sie erlebt haben, für echte Erfahrungen gehalten worden waren. Die eben zitierte Frau beschreibt ein strahlendes weißes Licht, die Begegnung mit anderen Wesen, welche ihr auf die andere Seite hinüberhelfen, sowie ihre Angstfreiheit im Angesicht des Todes. Zwei weitere Züge lassen auf das dem eigenen Körper Entrücktsein schließen: zum einen ihr Eindruck, sie habe die Stimme des Arztes und der Helferin von einem höher gelegenen Punkt aus gehört, zum andern ihr «Schwebe»-Gefühl.

Andere Einzelheiten dieser Geschichte sind wiederum ganz untypisch für Todesnähe-Erlebnisse, von denen die Betroffenen aussagen, sie bezögen sich auf etwas wirklich Geschehenes. Das strahlende Licht wird nicht personifiziert, in ihnen regt sich kein unaussprechliches Gefühl von Frieden und Glückseligkeit. Die Schilderung der Nach-Tod-Welt ist sehr schriftgetreu und entspricht, wie sie sagt, ihrem Katechismus. Die Wesen, die ihr entgegenkamen, nennt sie «Engel». Sie spricht davon, in den «Himmel» zu kommen, den sie «oben» ansiedelt, wohin es sie zieht. Sie sagt, ihren Körper habe sie nicht gesehen noch auch sich in einem anders gearteten Leib wiedergefunden. Schließlich empfindet sie deutlich den Zahnarztstuhl und nicht ihre eigene Bewegung als Quelle ihrer Umdrehungen. Sie kehrt wiederholt die Verschwommenheit ihres Erlebnisses hervor, das offenbar keine Wirkung auf ihren Glauben an ein Weiterleben gehabt hat. (Vielmehr sind ihr jetzt Zweifel an einem Weiterleben nach dem Tode gekommen.)

Beim Vergleich von Berichten, in denen das Erlebnis ganz

klar auf Drogenwirkung zurückgeführt wird, mit Todesnä-he-Erfahrungen, die auf echte Vorgänge bezogen werden, müssen verschiedene Punkte hervorgehoben werden.

Erstens sind die wenigen Personen, die mir derartige Dro-gen-Erfahrungen geschildert haben, weder mehr noch min-der gefühlvolle, phantasiebegabte, intelligente oder stabile Persönlichkeiten als die Leute, die mir von «echten» Todes-nähe-Erlebnissen berichtet haben.

Zweitens sind diese mittels Rauschgift herbeigeführten Er-fahrungen äußerst verschwommen.

Drittens weichen die Geschichten gegenseitig voneinander ab und unterscheiden sich markant von den «echten» Todes-nähe-Visionen. Ich muß dazu sagen, daß ich bei der Überle-gung, welches spezielle Fallbeispiel ich bringen sollte für den «Narkose»-Typ von Erfahrung, absichtlich dasjenige ausge-sucht habe, welches der Gruppe der «echten» Erfahrungen *am nächsten* kommt. Ich vermute also, daß es grundsätzlich sehr große Unterschiede gibt zwischen diesen beiden Typen von Erfahrung.

Noch eine Reihe weiterer Faktoren spricht gegen die phar-makologische Erklärung der Todesnähe-Phänomene. Der wichtigste ist ganz einfach, daß in vielen Fällen überhaupt keine Rauschmittel verabreicht wurden vor dem Erlebnis; in manchen Fällen wurden sogar nicht einmal nach dem Todes-nähe-Geschehnis solche Substanzen gegeben. Viele Personen haben im Gegenteil mir gegenüber Wert auf die Feststellung gelegt, daß ihr Erlebnis eindeutig stattgefunden habe, *bevor* ihnen irgendeine Art von Medikament zugeführt worden war, in einigen Fällen lange bevor sie überhaupt medizinisch versorgt wurden. Zudem ist auch in den Fällen, wo in zeitli-cher Nähe zum Todeserlebnis aus medizinischen Gründen Rauschmittel verabreicht wurden, die Verschiedenartigkeit der bei den einzelnen Patienten angewandten Substanzen außerordentlich groß. Das Spektrum reicht von Aspirin über Antibiotika und Nebennierenhormon bis zu flüssigen oder gasförmigen Betäubungsmitteln. Die meisten dieser Stoffe haben keine zentralnervösen oder psychischen Wirkungen. Man muß auch sehen, daß es keine Abweichungen nach Gruppenzugehörigkeit gibt zwischen Erlebnissen ohne jede Verbindung mit Rauschgift und Erlebnissen im Zusammenhang mit den verschiedenartigsten Medikationen. Zum Schluß möchte ich kommentarlos eine Frau zitieren, die zweimal unabhängig voneinander im Abstand von einigen Jahren «gestorben» ist und das Fehlen einer Erfahrung beim erstenmal auf ihren narkotisierten Zustand zurückführt. Beim zweitenmal hatte sie überhaupt keine Drogen bekommen, und doch wurde ihr ein reichhaltiges Erlebnis zuteil.

Die moderne Pharmakologie geht von der Annahme aus, die sich auch bei der überwältigenden Mehrheit der Nichtfachleute durchgesetzt hat, daß psychotrope Drogen die psychischen Vorgänge, die mit ihrem Konsum einhergehen, auch *verursachen*. Diese seelischen Vorgänge gelten daher als «unwirklich», «halluzinatorisch», «wahnhaft» oder «rein psychisch». Man darf aber nicht übersehen, daß diese Anschauung keineswegs von allen Seiten geteilt wird. Es gibt noch eine andere Ansicht über die Beziehung zwischen Rauschgift und Erfahrungen beim Drogenkonsum. Ich meine die initiatorische (Einweihungs-) und exploratorische (Erkundungs-) Funktion der sogenannten «halluzinogenen» Drogen. Zu allen Zeiten haben Menschen mit solchen psychisch wirksamen Verbindungen experimentiert, immer auf der Suche nach anderen Bewußtseinszuständen oder neuen Realitätsebenen. Das Einnehmen von Drogen hatte im Laufe der Geschichte also nicht nur etwas mit Medizin und Krankenbehandlung zu tun, sondern auch mit Religion und Erleuchtung. Zum Beispiel wird im gründlich erforschten Ritual des Peyotl-Kults von Indianern im Westen der USA, bei dem die Spitzen des Peyotl- oder Peyote-Kaktus (die einige Anhalonium-Alkaloide, darunter das bekannte Meskalin, enthalten) eingenommen, um zu religiösen Visionen und Erleuchtungszuständen zu gelangen. Ähnliche Kulte gibt es überall auf der Welt, und ihre Anhänger glauben, das von ihnen benutzte Rauschgift sei ein Vehikel zum Übertritt in andere Dimensionen. Läßt man diese Betrachtungsweise gelten, dann könnte man die Hypothese riskieren, der Gebrauch von Rauschmitteln sei nur ein Weg unter vielen, die zu Erleuchtungserlebnissen und zur Entdeckung neuer Existenzbereiche hinführen. Die Sterbeerfahrung könnte danach ein anderer Weg zum selben Ziel sein, und das würde die innere Verwandtschaft von drogenproduzierten Erlebnissen wie dem oben zitierten und Todesnähe-Erlebnissen mit erklären können.

2. Physiologische Erklärungen

Die Physiologie ist die biologische Disziplin, die sich mit den Funktionen von Zellen, Organen und ganzen Organismen befaßt und mit den Wechselbeziehungen zwischen diesen Funktionen. Eine physiologische Erklärung für die Todesnähe-Phänomene habe ich oft gehört: Da die Sauerstoffversorgung des Gehirns bei klinischem Tod und einigen anderen Formen schwerster Lebensgefahr unterbrochen ist, müssen die dann wahrgenommenen Phänomene verstanden werden gleichsam als letztes Ersatzluftholen des absterbenden Gehirns.

Der Haken an dieser Hypothese ist schlicht: Wie man bei einer Überprüfung der weiter vorne dargestellten Sterbeerfahrungen sofort feststellen kann, sind zahlreiche Todesnähe-

Erlebnisse eingetreten, bevor es zu einer physiologischen Krise der postulierten Art gekommen war. Vielmehr lag in einigen Fällen überhaupt kein körperlicher Notstand vor während der Begegnung. Hingegen ist jedes einzelne Element in Fallbeispielen mit schweren Verletzungen auch in anderen Geschichten zu beobachten, bei denen es sich nicht um Verletzungen handelt.

3. Neurologische Erklärungen
Die Neurologie ist das Spezialgebiet der Medizin, in dem es um Ursachen, Diagnose und Behandlung von Erkrankungen des Nervensystems geht (d. h. des Gehirns, des Rückenmarks und des peripheren Nervensystems). Phänomene von ganz ähnlicher Art wie die, die von Beinahe-Gestorbenen berichtet werden, treten auch in bestimmten neurologischen Zuständen auf. Daher könnte mancher neurologische Erklärungen ins Feld führen für Todesnähe-Erlebnisse, indem er Fehlfunktionen im Nervensystem des Sterbenden zugrunde legt. Wir wollen uns hier neurologische Parallelen für zwei der auffälligsten Geschehnisse in der Sterbe-Erfahrung anschauen: die blitzartige «Rückschau» der Ereignisse im Leben des Sterbenden und das «Ausleibigkeitsphänomen».

In der neurologischen Abteilung eines Krankenhauses traf ich auf einen Patienten, der eine merkwürdige Form von Anfallsleiden hatte, bei der er blitzartige Rückblenden auf frühere Lebensumstände erlebte.

«Als es das erste Mal passierte, schaute ich gerade zu meinem Freund auf der anderen Zimmerseite hinüber. Da wurde seine rechte Gesichtshälfte irgendwie ganz verzerrt. Und urplötzlich platzten die Bilder in mein Bewußtsein von früheren Ereignissen. Sie waren genauso wie in der Wirklichkeit – ganz lebendig, alles in echten Farben und dreidimensional.

Mir wurde schwindelig, und ich war so bestürzt, daß ich den Bildern auszuweichen versuchte. Seit damals habe ich viele solche Anfälle gehabt. Ich habe inzwischen gelernt, sie einfach abrollen zu lassen. Der beste Vergleich, der mir dazu einfällt, sind die Filme, die das Fernsehen zum Jahresende ausstrahlt. Szenen von Ereignissen der letzten zwölf Monate zucken über den Bildschirm, kaum sieht man sie, schon sind sie wieder weg, bevor man richtig darüber nachdenken kann. Genauso ist das bei diesen Anfällen. Ich sehe etwas und denke: ‹Ach ja, ich weiß das noch.› Und ich will das im Kopf behalten, aber schon kommt etwas Neues dazwischen.

Die Bilder zeigen Sachen, die wirklich passiert sind. Nichts ist verändert. Aber wenn sie vorbei sind, kann ich mich trotzdem nicht auf das besinnen, was ich eben gesehen habe. Manchmal kommen dieselben Bilder wieder, ein andermal nicht. Sobald sie auftauchen, erinnere ich mich: ‹Aha, die habe ich ja schon einmal gesehen›, aber wenn es zu Ende ist, könnte ich so gut wie nie angeben, was es gewesen ist. Es scheint sich dabei nicht um sonderlich bedeutsame Ereignisse aus meinem Leben zu handeln. Im Gegenteil. Alles wirkt ganz banal. Die Bilder kommen nicht irgendwie geordnet daher, nicht mal in der zeitlichen Reihenfolge, wie ich sie erlebt habe. Sie tauchen rein zufällig auf.

Während die Bilder vorbeihuschen, kann ich immer noch erkennen, was um mich herum vor sich geht, aber meine Wahrnehmungskraft ist vermindert. Ich bin dann nicht recht bei der Sache. Es ist fast so, als ob mein Verstand zur einen Hälfte mit den Bildern beschäftigt wäre, zur anderen Hälfte mit dem, was ich gerade tue. Andere Menschen, die mich während eines Anfalls erlebt hatten, sagen, er dauert nur ungefähr eine Minute, mir kommt es wie Jahre vor.»

In bestimmten Zügen ähneln diese Anfälle, die ohne Zweifel von einer hirnorganischen Störung herrühren, ganz deutlich dem Gesamtrückblick, von dem meine Informanten mit Todesnähe-Erfahrung berichten. Zum Beispiel äußerte sich das Anfallsleiden dieses Mannes in der Form sichtbarer Bilder, die unglaublich lebensecht und dreidimensional wirkten. Ferner schienen diese Bilder ihn spontan zu überkommen, gänzlich unabhängig von seinem Willen. Und er sagt auch, daß die Bilder rasend schnell abrollen, und hebt dabei die Verzerrung seines Zeitgefühls während des Anfalls hervor.

Auf der anderen Seite darf man krasse Unterschiede auch nicht übersehen. Anders als bei den Todesnähe-Erlebnissen kamen bei diesem Patienten die Erinnerungsbilder nicht in der zeitlichen Reihenfolge seines Lebens, noch wurden sie alle gleichzeitig geschaut in einer Ganzheitsvision. Sie zeigten keine Höhepunkte oder wichtige Ereignisse in seinem Leben; er betont ihre Banalität. Also können sie ihm wohl kaum erschienen sein aus eschatologischen oder ethischen Gründen. Während viele Personen nach ihrer Todesnähe-Erfahrung darauf aufmerksam machen, daß sie sich nach ihrer «Rückschau» an die Ereignisse ihres Lebens wesentlich klarer und mit mehr Einzelheiten erinnern konnten als zuvor, sagt dieser Patient, er könne sich nach einem Anfall nicht an die einzelnen Szenen erinnern, die er gesehen habe.

Für Ausleibigkeitserlebnisse gibt es eine neurologische Analogie in den sogenannten «heautoskopischen (sich selbst erblickenden) Halluzinationen», wie sie 1958 von N. Lukianowicz in der Fachzeitschrift *Archives of Neurology and Psychiatry* beschrieben wurden. Bei diesen seltsamen visuellen Empfindungen sieht der Kranke ein Abbild seiner selbst in seinem Blickfeld vor sich. Dieses fremde Double äfft das Mienenspiel und die Gestik seines originalen Vorbilds nach, das völlig verstört und verwirrt ist, wenn es plötzlich ein Bild von sich in einigem Abstand vor sich sieht, meist direkt vor sich.

Wenngleich diese Trugwahrnehmungen erkennbar eine Analogie bilden zu Ausleibigkeitsvisionen, wie wir sie früher beschrieben haben, überwiegen doch bei weitem die Unterschiede. Das heautoskopische Phantom wird immer als lebendig wahrgenommen – manchmal hält es der Kranke sogar für lebensvoller und ihm geistig überlegen –, bei Ausleibigkeitserfahrungen wird der eigene Körper dagegen als etwas Lebloses gesehen, als bloße Hülle. Der heautoskopisch Halluzinierende kann sein Double «hören», wie es mit ihm redet, ihm Anweisungen gibt, ihn verhöhnt usw. Wo bei Ausleibigkeitserlebnissen der eigene Körper als Ganzes gesehen wird (es sei denn, er wäre teilweise verdeckt oder sonstwie verborgen), ist in der Heautoskopie der Doppelgänger vornehmlich nur bis zur Brust oder bis zum Halsansatz zu sehen.

Heautoskopisch wahrgenommene Abbilder haben indessen sehr viel mehr gemein mit dem, was ich den geistigen Leib genannt habe, als mit dem materiellen Körper, der vom Sterbenden geschaut wird. Die Doubles in heautoskopischen Halluzinationen erscheinen zwar manchmal in kräftigen Farben, öfter jedoch werden sie als hauchdünn, durchsichtig und farblos geschildert. Der Kranke kann sogar zusehen, wie sein Abbild durch dicke Türen oder andere Hindernisse hindurchgeht ohne die geringsten Schwierigkeiten.

Ich möchte an dieser Stelle den Bericht über eine wahrscheinlich heautoskopische Halluzination zitieren, wie ich ihn gehört habe. Dieser Fall ist einzigartig, weil er zwei Personen gleichzeitig betrifft.

«Es war in einer Sommernacht gegen elf Uhr. Ich fuhr meine Verlobte, die ich dann zwei Jahre später geheiratet habe, in meinen Sportkabrio nach Hause. Ich parkte das Auto auf der schwach beleuchteten Straße vor ihrem Grundstück. Wir waren beide baß erstaunt, als wir gleichzeitig nach oben blickten und sahen, daß riesige Bilder von uns, von der Gürtellinie an aufwärts und nebeneinander sitzend, in den mächtigen Baumkronen der Allee etwa dreißig Meter vor uns schwebten. Die Bilder waren dunkel, fast wie Scherenschnitte, wir konnten sie uns nicht erklären, es waren aber auf jeden Fall sehr treffende Abbilder von uns. Wir konnten beide sofort mühelos beide Bilder erkennen. Sie bewegten sich, aber ganz unabhängig von unseren Bewegungen, denn wir hockten regungslos im Auto und schauten ihnen zu. Sie taten etwas, wie zum Beispiel: Mein Abbild nahm ein Buch zur Hand und zeigte eine Stelle darin dem Abbild meiner Braut, und sie beugte sich vor und sah sich die Seite genauer an.

Während wir da so saßen, habe ich die Szenerie eine Weile nacherzählt – ich habe meiner Braut berichtet, was ich die Bilder tun sah –, und meine Wiedergabe deckte sich exakt mit dem, was sie mit eigenen Augen sah. Dann tauschten wir die Rollen. Nun sagte sie mir, was sie vor Augen hatte, und es war immer genau dasselbe wie bei mir.

Wir haben da eine längere Zeit gesessen – zumindest eine halbe Stunde – und das Schauspiel vor uns betrachtet und dabei miteinander darüber gesprochen. Ich vermute, wir hätten noch die ganze Nacht so weitermachen können. Aber meine Verlobte mußte hineingehen, und so sind wir schließlich gemeinsam die Treppe emporgestiegen, die zu ihrem Haus am Hang führte. Als ich wieder zu meinem Auto hinunterkam, sah ich die Bilder wieder, und als ich wegfuhr, waren sie immer noch da.

Es ist ausgeschlossen, daß dies irgendeine Art von Spiegelbild von uns beiden in der Windschutzscheibe war, denn das Klappverdeck war geschlossen, und wir blickten die ganze

Zeit durch die Frontscheibe hindurch nach oben, um die Bilder zu sehen. Getrunken haben wir beide nie, weder damals noch heute, und diese Geschichte ist passiert, drei Jahre bevor wir zum erstenmal von LSD oder ähnlichen Drogen gehört hatten. Übermüdet sind wir auch nicht gewesen, obwohl es schon recht spät war, also können wir nicht geschlafen und das Ganze geträumt haben. Wir waren vielmehr hellwach, munter, erstaunt und aufgeregt, als wir die Bilder sahen und miteinander darüber sprachen.»

Zugegebenermaßen sind heautoskopische Halluzinationen in mancher Hinsicht verwandt mit dem Ausleibigkeitsphänomen im Zusammenhang mit Todesnähe-Erlebnissen. Doch selbst wenn wir uns ausschließlich auf alle Ähnlichkeiten stützen und die Verschiedenheiten vollkommen vernachlässigen würden, würde uns das Vorhandensein von heautoskopischen Halluzinationen noch keinerlei Erklärung liefern für das Vorkommen von Ausleibigkeitserlebnissen. Und zwar aus dem simplen Grunde, daß es für heautoskopische Halluzinationen auch keine Erklärung gibt. Eine Vielzahl widersprüchlicher Erklärungen ist vorgeschlagen worden von verschiedenen Neurologen und Psychiatern, aber noch sind alle umstritten, und keine Theorie ist allgemein anerkannt. Der Versuch, alle Ausleibigkeitserlebnisse als heautoskopische Halluzinationen zu erklären, bedeutet demnach nichts anderes, als an die Stelle eines Geheimnisses ein Rätsel zu setzen.

Noch ein letzter Punkt ist wichtig bei der Diskussion neurologischer Erklärungen für Todesnähe-Erlebnisse. In einem einzelnen Fall hatte ich mit einem Menschen zu tun, bei dem aus seinem Todesnähe-Erlebnis eine Nervenstörung zurückgeblieben war. Sie bestand in einer sehr schwachen Behinderung als Folge einer teilweisen Lähmung einer kleinen Muskelgruppe auf einer Körperhälfte. Obwohl ich oft nachgefragt habe, ob irgendwelche Ausfälle zurückgeblieben seien, war dieser eine Fall das einzige Beispiel, das ich kenne, für Nervenschäden als Folge von Todes-Begegnungen.

Psychologische Erklärungen

Die Psychologie hat noch nicht annähernd den Grad von Gesetzmäßigkeit und Genauigkeit erreicht, den einige andere Wissenschaften in neuerer Zeit erlangt haben. Die Psychologen gruppieren sich in widerstreitende Denkschulen mit widersprüchlichen Ansichten, Forschungsmethoden und fundamentalen Auffassungen über Vorhandensein und Beschaffenheit des Geistes. Psychologische Erklärungen für Todesnähe-Erlebnisse werden infolgedessen stark variieren, je nachdem, zu welcher theoretischen Richtung der Erklärer gehört. Anstatt nun jede Art psychologischer Erklärungsversuche, die vielleicht vorgeschlagen werden könnte, durchzumustern, werde ich mich auf einige wenige beschränken, die ich am häufigsten von meinen Zuhörern zu hören bekam, und dazu noch auf eine Erklärung, die mich irgendwie am meisten angezogen hat.

In voraufgehenden Teilen dieses Buches habe ich bereits zwei Erklärungsansätze des psychologischen Typs gestreift: der eine unterstellt bewußte Täuschung durch Lügen, der andere tippt auf unbewußtes Herumphantasieren. In diesem Kapitel möchte ich zwei andere psychologische Thesen untersuchen.

1. Isolationsforschung
Auf meinen vielen Vortragsveranstaltungen ist es nie vorgekommen, daß jemand solche Todesnähe-Erlebnisse zu er-

klären versucht hätte im Lichte der modernen Isolationsforschung. Und doch sind gerade auf diesem relativ jungen, sich stürmisch entwickelnden Gebiet der Verhaltenswissenschaft vom Menschen solche Phänomene experimentell erzeugt und erforscht worden, die den einzelnen Phasen der Sterbeerfahrung am nächsten kommen.

Isolationsforschung ist diejenige Fachrichtung, die sich mit der Frage beschäftigt: Was geschieht körperlich und seelisch mit einem Menschen, der auf die eine oder andere Weise isoliert wird, zum Beispiel durch die Unterbindung aller sozialen Kontakte zu anderen Menschen oder durch die Unterwerfung unter eine eintönige sich ständig wiederholende Arbeit für längere Dauer?

Material aus derartigen Situationen wurde auf verschiedene Weise gewonnen. Die schriftlichen Erfahrungsberichte einsamer Polarforscher oder von Schiffbrüchigen, die als einzige überlebt haben, enthalten eine Fülle von Informationen. In den letzten Jahrzehnten haben Forscher sich darangemacht, ähnliche Phänomene unter Laboratoriumsbedingungen zu ergründen. Über ein Verfahren sensorischer Deprivation ist viel geschrieben worden. Dabei wird ein Freiwilliger in einen Wasserbehälter eingehängt, der dieselbe Temperatur hat wie sein Körper. Auf diese Weise wird sein Gefühl für Gewicht und Temperatur auf ein Minimum herabgesetzt. Er bekommt eine Binde vor die Augen und Stöpsel in die Ohren, um die Wirkung des dunklen, schallgedämpften Tanks noch zu verstärken. Seine Extremitäten werden in Röhren gesteckt, so daß er sie nicht bewegen kann, wodurch ihm viele der normalen Empfindungen für Gelenkbewegung und Stellung genommen sind.

Unter diesen und ähnlichen Absonderungsbedingungen haben manche Versuchspersonen ungewöhnliche seelische

Phänomene erlebt, die zum Teil ganz stark denen gleichen, die wir im zweiten Kapitel behandelt haben. Eine Frau, die über lange Zeit unter extrem schlechten Bedingungen in der Arktis leben mußte, berichtet über eine Gesamtschau aller Ereignisse ihres Lebens. Schiffbrüchige Seeleute, die wochenlang ganz allein in kleinen Booten herumgetrieben worden waren, beschrieben Halluzinationen von ihrer Errettung, manchmal durch übernatürliche Wesen wie Gespenster oder Geister. Darin liegen vage Analogien zu dem Lichtwesen oder den Geistern Verstorbener, wovon viele meiner Gewährsleute berichten. Noch andere Phänomene der Todesnähe tauchen in den Berichten über Isolationsexperimente wieder auf, darunter: Veränderungen des Zeitgefühls; Empfindungen, vom eigenen Körper teilweise abgetrennt zu sein; Widerstreben, in die zivilisierte Menschheit zurückzukehren oder die Isolation zu verlassen; und Gefühle des «Eins-Seins» mit dem Universum. Ferner sagen viele, die nach einem Schiffbruch oder nach einer ähnlichen Katastrophe isoliert gewesen sind, daß schon wenige in dieser Lage verbrachten Wochen genügten, um sie mit einem von Grund auf gewandelten Wertmaßstab in die zivilisierte Welt zurückkehren zu lassen. Sie berichten von einem gesteigerten Gefühl innerer Sicherheit danach. Diese Reintegration der Persönlichkeit ist erkennbar verwandt mit der inneren Erneuerung, von der viele erzählen, die aus dem Tode zurückgekehrt sind.

Umgekehrt sind bestimmte Züge von Sterbesituationen ganz ähnlich wie die Besonderheiten, die wir aus Isolationserfahrungen und -experimenten kennen. Patienten im Vorfeld des Todes liegen oft isoliert und bewegungslos auf der Intensivstation, häufig bei gedämpftem Licht und niedrigem Geräuschpegel und ohne Besucher. Man muß sich die Frage stellen, ob die physiologischen Vorgänge, die mit dem Absterben des Körpers einhergehen, eine extreme Form der Isolation herbeiführen können, die auf einen fast totalen Verlust der Reizzufuhr zum Gehirn hinausläuft. Und weiter: Wie schon früher ausführlich dargestellt wurde, haben mir viele Menschen mit Todeskontakt erzählt, was für traurige Empfindungen der Isolation, der Einsamkeit und des Abgeschnittenseins von allen menschlichen Beziehungen sie übermannt hätten, als sie sich außerhalb ihres eigenen Körpers befanden.

Höchstwahrscheinlich könnte man Grenzfälle entdekken, die nicht eindeutig zu klassifizieren sind entweder als Todesnähe-Erlebnisse oder als Isolationserfahrungen. Ein Mann zum Beispiel trug mir die folgende Geschichte seines Krankenhausaufenthalts bei einer schweren Erkrankung vor:

«Im Spital wurde ich ganz schlimm krank. Als ich nun so dalag, sah ich dauernd Bilder auf mich zukommen, so als ob sie über einen Fernseh-Bildschirm abliefen. Es waren Bildstreifen von Menschen, und ich konnte eine Gestalt so sehen, als wäre sie in einem räumlichen Abstand von mir und käme nun langsam auf mich zu, bis sie an mir vorbei war und eine neue auftauchte. Mir war klar bewußt, daß ich in der Klinik lag und krank war, aber ich fragte mich dann doch, was denn eigentlich los war. Immerhin einige dieser Leute kannte ich persönlich – es waren Freunde und Verwandte von mir –, die anderen kannte ich aber nicht. Plötzlich fiel mir ein, daß alle, die ich kannte, schon gestorben waren.»

Man muß sich wirklich fragen, wo diese Erfahrung einzuordnen ist, da sie Ähnlichkeiten aufweist sowohl mit Todesnähe- als auch mit Isolationserlebnissen. Sie scheint in einiger Analogie zu stehen zu den Todesnähe-Erlebnissen, bei denen es zur Begegnung mit den Geistern Verstorbener

174

kam, und sich doch von ihnen dadurch zu unterscheiden, daß keine anderen Todesnähe-Erlebnisse vorgekommen sind. Interessanterweise hat bei einem Isolationsversuch ein Freiwilliger, der eine Zeitlang in einer Einzelzelle lebte, Halluzinationen beschrieben, bei denen er die Bildnisse berühmter Männer an sich vorüberziehen sah. Ist also nun das eben zitierte Erlebnis anzusehen als eine Todesnähe-Erfahrung infolge lebensgefährlicher Erkrankung des Patienten oder als eine Isolationserfahrung, verursacht durch die «Haftbedingungen» im Krankenhaus, die wegen seines bedrohlichen Gesundheitszustandes unumgänglich waren? Es besteht ja auch durchaus die Möglichkeit, daß keine eindeutigen Kriterien gefunden werden, die uns in die Lage versetzen würden, jede einzelne derartige Erfahrung in eine der beiden unabhängigen Kategorien einzuordnen. Grenzfälle wird es wohl immer wieder geben.

Trotz dieser Überschneidungen liefern die Ergebnisse der Isolationsforschung doch keine zufriedenstellende Erklärung für Todesnähe-Erlebnisse. Vor allem können die verschiedenen geistigen Phänomene, die unter Isolationsbedingungen auftreten, ihrerseits nicht erklärt werden durch irgendeine anerkannte Theorie. Isolationsforschungen ins Feld zu führen, um damit Todesnähe-Erlebnisse zu erklären, würde dasselbe bedeuten wie bei der «Erklärung» von Ausleibigkeitsempfindungen durch den Hinweis auf heautoskopische Halluzinationen, nämlich: ein Geheimnis durch ein neues zu ersetzen. Denn es gibt zwei widersprüchliche Betrachtungsweisen bezüglich der Visionen, die unter Isolationsbedingungen zustande kommen. Nach der einen handelt es sich dabei schlicht um «unwirkliche» und «halluzinatorische» Wahrnehmungen ohne objektive Entsprechung, und gleichwohl haben zu allen Zeiten Mystiker und Schamanen die Einsamkeit der unberührten Natur gesucht, um dort Erleuchtung und Offenbarung zu finden. Der Gedanke, daß der Isolation eine geistige Neugeburt entspringen könne, ist ein wesentlicher Bestandteil des Glaubens in vielen Kulturen und findet sich in zahlreichen großen religiösen Schriften, auch in der Bibel.

Obwohl diese Vorstellung sich etwas fremd ausnimmt in unserer gegenwärtigen westlichen Glaubensstruktur, hat sie doch auch eine Reihe von Verfechtern mitten unter uns. Einer der frühesten und einflußreichsten Isolationsforscher ist Dr. John C. Lilly. Er hat vor ein paar Jahren seine geistige Autobiographie veröffentlicht unter dem Titel *Das Zentrum des Zyklons*. In diesem Buch sagt er eindeutig, daß er die Erlebnisse, die er unter Isolationsbedingungen hatte, als echte Erfahrungen der Erleuchtung und höheren (oder tieferen) Erkenntnis ansieht und keineswegs als «unwirklich» oder «wahnhaft». Man muß auch den interessanten Punkt registrieren, daß Lilly von sich selbst ein eigenes Todesnähe-Erlebnis berichtet, das weitgehend denen gleicht, die ich bearbeitet habe, und daß er seine Todesnähe-Erlebnisse in derselben Kategorie sieht wie seine Isolationserfahrungen. Isolation könnte demnach sehr wohl neben Halluzinogenen und neben der Berührung mit dem Tod einer von vielen Wegen sein, auf denen man in neue Bewußtseinsbereiche vorstoßen kann.

2. Träume, Halluzinationen und Wahnvorstellungen

Vielleicht, behaupten einige, sind Todesnähe-Erlebnisse nichts anderes als Wunschträume, Phantasiegebilde oder Halluzinationen, die durch verschiedene Faktoren herbeigeführt werden – im einen Fall durch Rauschgift, im anderen durch Anoxie (völliger Sauerstoffmangel) im Gehirn, in wieder einem anderen durch Isolation, usw. Damit wollen sie Todesnähe-Erlebnisse mit Wahnvorstellungen erklären.

Ich glaube, dagegen sprechen verschiedene Tatsachen.

Da ist erstens die große Ähnlichkeit in Inhalt und Aufbau, die wir zwischen den verschiedenen Schilderungen feststellen können, *obwohl* das, was am meisten berichtet wird, eindeutig nicht identisch ist mit dem, was in unserer Kultur gemeinhin über das Los der Toten geglaubt wird. Wir entdecken ferner, daß das Bild vom Sterbe-Geschehen, das diese zeitgenössischen Berichte zeichnen, erstaunlich genau übereinstimmt mit dem, was in uralten und entlegenen Quellenschriften niedergelegt ist, wovon meine Gewährsleute keine Ahnung haben konnten.

An zweiter Stelle steht die Tatsache, daß die Personen, mit denen ich gesprochen habe, keine Psychotiker sind. Ich habe sie kennengelernt als emotional ausgewogene, normale Leute, die als nützliche Glieder der Gesellschaft leben. Sie üben einen Beruf aus und stehen auf wichtigen Posten, die sie verantwortungsvoll ausfüllen. Sie leben in stabilen Ehen und kümmern sich um ihre Familien und Freunde. So gut wie keiner von meinen Gesprächspartnern hatte mehr als ein unerkläriches Erlebnis im Laufe seines Lebens. Und schließlich ist es am bedeutungsvollsten, daß diese Informanten Leute sind, die sehr genau unterscheiden können zwischen Träumen und wachem Erleben.

Und trotzdem berichten eben dieselben Personen, was ihnen beim Nahen des Todes widerfuhr, seien keine Träume, sondern wirkliche Geschehnisse gewesen, die ihnen zugestoßen seien. Nahezu ausnahmslos versichern sie mir, während sie erzählen, andauernd, daß ihre Erlebnisse keine Träume gewesen sind, sondern im Gegenteil definitiv und unzweifelhaft real.

Am Ende steht die Tatsache, daß eine unabhängige Bestätigung besonderer Art existiert für bestimmte Berichte von Ausleibigkeits-Vorfällen. Menschliche Verpflichtungen hindern mich daran, Namen zu nennen und identifizierende Einzelheiten zu erwähnen. Aber ich habe selber genug gehört und gesehen, um sagen zu können: Verwunderung und Staunen sind bei mir nicht geringer geworden. Ich bin überzeugt, daß jeder, der sich methodisch mit Todesnähe-Erlebnissen auseinandersetzt, wahrscheinlich auch solche scheinbar merkwürdigen Bestätigungen entdecken wird. Zumindest wird er, glaube ich, genug Fakten finden, um sich die Frage vorzulegen, ob nicht die Todesnähe-Erlebnisse alles andere als Träume sind und vielleicht zu einer gänzlich verschiedenen Kategorie gehören.

Als Schlußbemerkung möchte ich hinzufügen, daß «Erklärungen» nicht einfach nur als abstrakte intellektuelle Denkgebäude dastehen. Sie sind in mancher Hinsicht auch Ausdruck der Persönlichkeit dessen, der sie hinstellt. Die Menschen neigen nun einmal dazu, sich gefühlsmäßig mit dem Regelwerk für wissenschaftliches Erklären, das sie entworfen oder übernommen haben, zu «verheiraten».

Bei den zahlreichen Vorträgen über meine Sammlung von Berichten über die Vorgänge im Übergangsbereich zwischen Leben und Tod bin ich den Verfechtern vieler Erklärungsarten begegnet. Menschen, die physiologisch, pharmakologisch oder neurologisch orientiert sind, werden ihre ganz persönlichen Richtungen immer als Grundlage für Erklärungen ansehen, die für sich selbst sprechen, auch wenn man ihnen mit Fallbeispielen kommt, die *gegen* diese spezielle Erklärungsart sprechen könnten. Wer sich für die Freudsche Psychoanalyse erwärmt, erklärt voller Entzücken das Lichtwesen als Projektion der Vater-Imago, wo hingegen Jungianer Archetypen des kollektiven Unbewußten entdecken, und so weiter, und so weiter.

Obwohl ich noch einmal betonen möchte, daß ich mit all dem Gesagten selber keinerlei neue Erklärungsversuche anzubieten habe, wollte ich doch einige Gründe nennen, warum mir Erklärungen, die häufig gegeben werden, zumindest fragwürdig erscheinen. Ich möchte eigentlich nicht mehr sagen als: Wir sollten wenigstens die Möglichkeit offenlassen, daß Todesnähe-Erlebnisse ein neuartiges Phänomen sind, zu dessen Erklärung und Ausdeutung wir neue Methoden erst entwickeln müssen.

6
Eindrücke

Beim Schreiben dieses Buches war mir jederzeit voll bewußt, daß meine Absichten und meine Ansichten sehr leicht mißzuverstehen sind. Im besonderen möchte ich gegenüber naturwissenschaftlich eingestellten Lesern betonen: Ich weiß sehr wohl, daß diese meine Studie hier *keine* wissenschaftliche Arbeit ist! Und meinen philosophischen Kollegen möchte ich zurufen: Ich bin *nicht* in dem Wahn befangen, ich hätte «bewiesen», daß es ein Leben nach dem Tode gibt! Um diese Fragen gründlich zu erörtern, müßte man in die Diskussion von Spezialproblemen einsteigen, die im Rahmen eines solchen Buches fehl am Platze wären. Ich werde mich also auf die folgenden kurzen Bemerkungen beschränken.

In der Logik, in der Jurisprudenz und in den Naturwissenschaften sind die Wörter «Schlußfolgerung», «Beweis», «Begründung» Termini technici und haben differenziertere Bedeutungen als im gewöhnlichen Sprachgebrauch. In der Alltagssprache werden dieselben Wörter sehr unscharf eingesetzt. Ein flüchtiger Blick in irgendeine Illustrierte genügt, um festzustellen, daß fast jede noch so unwahrscheinliche Geschichte als «Beweis» angepriesen wird für jedwede wunderliche Behauptung.

Welche Schlußfolgerungen aus einer gegebenen Anzahl

von Prämissen gezogen werden können und welche nicht, das ist in der Logik durchaus keine bloße Geschmacksfrage. Das wird vielmehr sehr streng und genau festgelegt durch Regeln, Vorschriften und Gesetze. Wenn man sagt, man habe einen bestimmten «Schluß» (Konklusion) gezogen, dann sagt man damit zugleich, daß jeder andere, der von denselben Voraussetzungen (Prämissen) ausgeht, zu genau derselben Schlußfolgerung kommen muß, wenn er keinen logischen Fehler macht.

Aus diesen kurzen Andeutungen ergibt sich schon, warum ich es ablehne, irgendwelche «Schlußfolgerungen» aus meiner Untersuchung zu ziehen, und warum ich sage, ich habe nicht die Absicht, den Beweis zu liefern für die alte Lehre vom Weiterleben nach dem Tode. Doch meine ich, diese Berichte über Todesnähe-Erlebnisse sind sehr bedeutsam. Ich möchte gern einen Mittelweg bei ihrer Interpretation beschreiten: diese Erfahrungen weder abtun, weil sie keine wissenschaftlich oder logisch stichhaltigen Beweise darstellen, noch sie sensationell aufbauschen, indem man sich auf wolkige, emotionsgeladene Beteuerungen zurückzieht, dadurch werde «bewiesen», daß es ein Leben nach dem Tode gibt.

Desgleichen bleibt es für mich eine offene Frage, ob in unserer augenblicklichen Unfähigkeit, den «Beweis» anzutreten, eine Grenze erkennbar wird, die in der Natur der Todesnähe-Erlebnisse selbst liegt. Vielleicht handelt es sich ja statt dessen um eine Begrenztheit der zur Zeit anerkannten wissenschaftlichen und logischen Methoden! Es könnte doch sein, daß sich der Blickwinkel von Wissenschaftlern und Logikern in der Zukunft stark verschiebt. (Man darf nicht vergessen, daß die logische und wissenschaftliche Methodenlehre auch kein starres unwandelbares System ist, sondern sich dynamisch entwickelt.)

Am Ende stehe ich also da nicht mit Konklusionen, Beweisketten oder Kausalbegründungen, sondern mit längst nicht so endgültigen Dingen wie: Gefühlen, Fragen, Analogien, unerklärten Rätseln. Vielleicht ist es sogar viel angemessener, nicht zu fragen, zu welchen Schlußfolgerungen ich auf Grund meiner Arbeit gekommen bin, sondern was die Arbeit mir persönlich bedeutet hat. Als Antwort kann ich nur sagen: Wenn man erlebt, wie ein Mensch sein Erlebnis nacherzählt, liegt darin so viel Überzeugungskraft, die man nur schwer in gedruckter Form weitervermitteln kann. Für diese Menschen waren ihre Todesnähe-Erlebnisse sehr reale Geschehnisse. Und durch meine Verbindung zu ihnen sind die Erlebnisse auch für mich zu realen Geschehnissen geworden.

Ich bin mir allerdings darüber im klaren, daß dies ein psychologischer Gedankengang ist und kein logischer. Logik ist etwas Allgemeinverbindliches, und psychologische Gedanken sind nicht in demselben Ausmaß allgemeingültig. Der eine wird so, ein anderer wird anders betroffen oder verändert durch dieselben Umstände. Das ist abhängig von Veranlagung und Charakter, und ich möchte nicht den Eindruck erwecken, als sollte meine eigene Einstellung zum Inhalt meiner Arbeit verbindlich sein für alle anderen. Im Hinblick darauf könnte man mir die Frage stellen: «Wenn die Interpretation dieser Erlebnisse letzten Endes eine so subjektive Sache bleibt, wozu soll man sie dann überhaupt studieren?» Ich kann mir keine andere Möglichkeit einer Antwort auf diese Frage denken, als wiederum auf das grenzenlose Interesse der Menschheit für das Wesen des Todes zu verweisen. Ich glaube, alles ist von Nutzen, was zur Erhellung der Todesproblematik beigebracht werden kann.

Aufklärung über dieses Thema braucht man in vielen Berufen und wissenschaftlichen Fächern. Sie wird benötigt vom

Arzt, der sich mit den Ängsten und Hoffnungen seiner sterbenden Patienten auseinandersetzen muß, wie auch vom Seelsorger, der andere auf das Sterben vorbereitet. Gebraucht wird sie ferner von Psychologen und Psychiatern, denn um eine wirksame und praktikable Behandlungsmethode für die Therapie seelischer Störungen entwickeln zu können, müssen sie erst einmal wissen, was der Geist oder die Seele *ist* und ob dieses Etwas unabhängig vom Körper existiert. Wenn nicht, dann würde sich der Schwerpunkt der psychologischen Therapie in Richtung auf physikalisch-chemische Methoden verlagern – auf Drogen, Elektroschocks, Gehirnchirurgie und dergleichen mehr. Und umgekehrt: Wenn es Anzeichen dafür gibt, daß der Geist (die Seele) tatsächlich vom Körper getrennt existieren kann und etwas Eigenständiges ist, dann würde die Therapie seelischer Störungen doch etwas sehr anderes werden müssen.

Aber hier geht es um mehr als um akademische und berufspraktische Fragen. Hier werden sehr, sehr persönliche Dinge angesprochen, denn alles, was wir über den Tod erfahren, kann wesentliche Folgen für unsere Lebensführung haben. Wenn Erfahrungen, wie ich sie in diesem Buch diskutiert habe, einen realen Hintergrund haben, dann hätte das eine sehr weitreichende Bedeutung im Hinblick auf das, was jeder von uns aus seinem Leben macht. Denn dann wäre erwiesen, daß wir dieses Leben nicht wirklich verstehen können, ehe wir nicht einen Schimmer bekommen von dem, was darüber hinausgeht.

Über den Autor

Raymond A. Moody ist verheiratet und hat zwei Söhne.
Nach Studium der Philosophie (Spezialgebiete: Logik, Ethik,
Linguistik) Promotion zum Dr. phil. und Dozentur für Philosophie. Dann Studium der Medizin, Promotion zum Dr.
med. und Ausbildung zum Facharzt für Psychiatrie und Nervenheilkunde. Noch während des Studiums Beginn der Forschungsarbeit an unerklärten Phänomenen im Grenzbereich
zwischen Leben und Tod. Ausgedehnte Vortragstätigkeit
über dieses Gebiet. Da ernsthafte Untersuchungen über das
Weiterleben nach Eintritt des medizinisch definierten Todes
Neuland sind, besaß Dr. Moody zunächst keine Kenntnis
von ähnlich gerichteten Forschungsprojekten anderer Wissenschaftler. Erst mit dem Versand von Vorausexemplaren
seines Buches *Leben nach dem Tod* kam er in Kontakt mit
Frau Dr. Elisabeth Kübler-Ross, deren Arbeit nicht nur parallel lief zu seiner eigenen, sondern seine Befunde unabhängig belegt hatte, obwohl die beiden ärztlichen Autoren einander erst im Februar 1976 kennengelernt hatten.

Bibliographie

EVANS-WENTZ, W. Y. (ed.): Das Tibetanische Totenbuch oder Die Nach-Tod-Erfahrungen auf der Bardo-Stufe. Nach der englischen Fassung des Lama Kazi Dawa-Samdup herausgegeben von W. Y. Evans-Wentz. Übersetzt und eingeleitet von Louise Göpfert-March. Mit einer Einführung und einem psychologischen Kommentar von C. G. Jung und einem Vorwort von Sir John Woodroffe. Rascher Verlag Zürich, 5. Aufl. 1953

LILLY, JOHN C.: Das Zentrum des Zyklons. Eine Reise in die inneren Räume. Fischer Taschenbuch Nr. 1768, Frankfurt am Main 1976

PLATON: Der Staat (Politeia). Zitiert nach: Platon: Sämtliche Werke, Band 3: Phaidon, Politeia. Übersetzung von Friedrich Schleiermacher. Rowohlts Klassiker der Literatur und der Wissenschaft Nr. 27, Reinbek bei Hamburg o. J., Seite 304 ff.

PLATON: Die Apologie des Sokrates (XXXII), übersetzt 1790 von Matthias Claudius. Zitiert nach: Platon: Sokrates im Gespräch. Vier Dialoge. Herausgegeben von Bruno Snell.

Fischer Bücherei Nr. 24, Frankfurt, Hamburg 1953, Seite
34f.

SWEDENBORG, EMANUEL: Ausgewählte religiöse Schriften.
Deutsche Übersetzung herausgegeben von M. Lamm. Si-
mons-Verlag, Marburg 1949 (Reihe: Mystiker des Abend-
landes)

Johannes Hemleben

Jenseits

Ideen der Menschheit
über das Leben nach dem Tode
vom Ägyptischen Totenbuch
bis zur Anthroposophie
Rudolf Steiners

Inhalt

*Auch das Buch «Jenseits» von Johannes Hemleben ist ein Buch der
Zeugnisse über das Leben nach dem Tod. In der folgenden Leseprobe
reflektiert der Autor einleitend diesen Gedanken:*

Johannes Hemleben: Jenseits

«Zugegeben sei, daß in den Ideen über das Leben nach dem Tode allzu leicht der Wunsch zum Vater des Gedankens werden kann. Aber was für den Naturwissenschaftler gilt, ist auch für denjenigen, der das Jenseits erkennen will, eine selbstverständliche Forderung: Sachlichkeit der Sache gegenüber. Die Geschichte des sogenannten Spiritismus liefert genügend Beispiele, wie schwer dem Menschen von heute eine solche Gedankendisziplin wird. Ohne sie aber ist objektive Totenkunde undenkbar.

Zu allen Zeiten hat es Menschen auf der Erde gegeben, welchen die übersinnliche Welt nicht verschlossen war. Aus eigener Erfahrung haben sie ihre Erkenntnisse allen denen mitgeteilt, die zur Aufnahme bereit waren. Man nannte sie die ‹Eingeweihten›. Die großen Religionsstifter sind ihnen zuzurechnen. Für sie und ihre Anhänger, für die Inder, Ägypter, Griechen, Juden und Christen war das Leben nach dem Tode unbezweifelbare Wirklichkeit. Wohl weichen ihre Vorstellungen voneinander ab. Doch wie es unterschiedliche Berichte von Reisenden über Naturlandschaften gibt je nach den Voraussetzungen, welche der Berichtende für seine Erkundungsfahrt mitbrachte, müssen auch die Schilderungen des Jenseits je nach der Art der Kultur verschieden ausfallen. So waren zum Beispiel die Juden und Griechen der Antike extrem verschiedene Völker, sowohl im Wahrnehmen der Außenwelt wie im Erleben des eigenen Inneren. Daher mußte auch die Perspektive, unter der sie die Welt der Verstorbenen erlebten, sich entsprechend unterscheiden. Setzt man aber voraus, daß die übersinnliche Welt nicht weniger vielgestaltig ist als die sichtbare Natur, wird man an den verschieden geschilderten Tatbeständen keinen Anstoß nehmen.

Was aber berichten sie über das Schicksal der Seele im Jenseits?»

Das Buch «Jenseits» hat 290 Seiten
und kostet gebunden DM 28.–

Rowohlt

«Die Zeit» vom 7. Oktober 1977

Die Wochenzeitung «Die Zeit» berichtete in ihrer Ausgabe vom 7. Oktober 1977 über das Buch «Das Leben nach dem Tod»:

Stirbst du gern?
Uralte Weisheiten über das Sterben
– neu formuliert und statistisch erhärtet
Von Ernst Klee

V or mehr als zehn Jahren pflegte ich meinen todkranken Vater. Es ging über Monate, ehe er nochmals ins Krankenhaus kam. Nachmittags, ich befand mich in einem Zustand völliger Erschöpfung, schlief ich ein. Ich träumte nie gesehene Bilder von überdimensionierten Blumen in überschönen Farben, die ich nie gesehen hatte und auch nicht wieder beschreiben kann. Im Traum erlebte ich eine paradiesische Welt voller Harmonie, Glück, Einklang. Nach etwa zwanzig Minuten wachte ich auf und schaute auf die Uhr. Ich war völlig erfrischt, zufrieden. Eine Stunde später kam der Anruf eines Pfarrers. Mein Vater war gestorben, just um die Zeit meines Erwachens.

Über diesen Traum habe ich nur mit einem Menschen gesprochen. Und der meinte, ich solle von solchen Merkwürdigkeiten niemandem erzählen, das sei alles sehr zweifelhaft. Ich bin diesem Rat gefolgt, schließlich passen Erfahrungen wie diese kaum in unsere rationale Welt.

Doch nun ist das Buch eines Mediziners auf den Markt gekommen, das Furore macht –

Raymond A. Moody: «Leben nach dem Tod», aus dem Amerikanischen von Lieselotte Mietzner und Hermann Gieselbusch; Rowohlt Verlag, Reinbek, 1977; 192 S., 18,50 DM.

Es sind Erfahrungen von 150 Menschen gesammelt, die einmal klinisch tot waren, dann aber weiterlebten. Das Thema ist heikel. Deshalb baut Moody vor: Seine Gesprächspartner seien *«lebenstüchtige, ausgeglichene Persönlichkeiten»* gewesen (darunter ein Medizinprofessor, den man für klinisch tot erklärt hatte).

Moodys Informanten geben sich *«keiner Täuschung, darüber hin, daß die heutige Welt nicht der Ort ist, an dem Berichte dieser Art mit Wohlwollen und Verständnis aufgenommen würden».* Sie rechnen damit, für geistig labil gehalten zu werden, falls sie berichteten und schwiegen deshalb lieber. Das wundert auch niemanden, denn unsere Wörter *«beziehen sich größtenteils auf unsere Sinnesorgane».* Wer aber von uns war schon klinisch tot und konnte hinterher berichten? Und unsere Vorstellung bezieht sich auf eine dreidimensionale Welt. Die aus dem klinischen Tod Erwachten berichten dagegen von einer vierdimensionalen Welt, die sie gesehen haben . . .

Wohlbehagen, Glück, vollkommene Ruhe, Harmonie, Erleichterung – das sind die blassen Worte, mit denen sie ihre Erfahrungen nur unvollkommen ausdrücken können. Sie waren einmal aus der Haut gefahren, hatten sich entseelt erlebt, Lichtgestalten geschaut (Christus: «Ich bin das Licht der Welt»). Wer so zurückkehrt, hat eine neue Sicht vom Sterben und vom Leben, möchte den eigenen Körper nicht mehr als das Wesentliche, sondern den Geist hoch bewertet sehen, den Charakter: *«Ich muß mich noch erheblich verändern, bevor ich hier weggehe.»*

Der Psychiater Moody versichert, die Ärzte hätten vielfach bestätigt, daß genau das passiert sei, was die «klinisch Toten» schildern, was sich während ihres «Wegseins» im Raum abgespielt habe. Gleichwohl verzichtet Moody darauf, über das Berichtete zu spekulieren. Er zieht Vergleiche, beispielsweise zum Griechischen, wo der Leib-Seele-Dualismus ja zu Hause ist, zum Tibetanischen Totenbuch (6. Jahrhundert) und natürlich zur Bibel. Denn das Leben nach dem Leben hat schon immer interessiert. Eines ist klar gesagt: Wer klinisch tot war und das «Jenseits» geschaut hat, war natürlich nicht «drüben». Moody zieht hier keine Schlüsse. Und das ist gut so.

Im Februar 1978 erscheint:

Dr. med. Raymond A. Moody

Nachgedanken über das Leben nach dem Tod

Der Arzt und Philosoph Raymond A. Moody hat nach der Veröffentlichung seiner bahnbrechenden Studie «Leben nach dem Tod» weitere Vorstöße unternommen in das wissenschaftliche Neuland der Thanatologie, der Sterbe- und Todesforschung.

Sein erstes Buch hat eine unerwartete und unerhört weitreichende Resonanz gefunden.

Jetzt, da der Bann gebrochen war, brauchte Dr. Moody nicht mehr zu suchen nach Zeugen für die Erfahrungen jenseits der Todesschwelle: sie meldeten sich zu Hunderten! Nach eingehenden Interviews mit all den Männern und Frauen, die dem Tode nahe gewesen oder direkt für tot erklärt worden waren, kann jetzt mit Bestimmtheit gesagt werden: Die im ersten Buch aufgestellte Erlebnisfolge beim Sterbeprozeß ist eine regelmäßige Erscheinung. Sie wird in diesem Buch der Nachgedanken und kritischen Überprüfung um vier Elemente ergänzt, die weniger häufig berichtet werden.

Nicht unerwartet wurde auch Kritik von verschiedenen Seiten her laut. Mit großer Lernbereitschaft und aufmerksamem Ernst geht Dr. Moody hier auf die wesentlichen Argumente seiner Kritiker ein und widmet den methodologischen Fragen einen eigenen längeren Abschnitt. Dieses Buch zeigt: Angesichts der Fülle von Zeugnissen konstituiert sich nunmehr das Forschungsgebiet der Thanatologie. Raymond A. Moody, neben Elisabeth Kübler-Ross einer der Pioniere dieser Disziplin, bringt uns mit den Aussagen des vorliegenden Buches einen Schritt näher heran an das große Geheimnis der menschlichen Existenz: Lebt unsere Seele weiter auch über den leiblichen Tod hinaus?

Aus dem Inhalt:

Neue Elemente – Die Vision des Wissens – Lichtstädte – Ein Reich der verwirrten Geister – Übernatürliche Rettungen – Gericht – Selbstmord – Reaktionen von theologischer Seite – Beispiele aus der Geschichte – Überlegungen zur Methodik – Fragen und Antworten.
160 Seiten. Kartoniert.

Rowohlt